KB188918

김성중

저자는 청년 세대를 누구보다 사랑하는 교수이자 교육자, 상담자, 신학자, 목사다. 현재 장로회신학대학교 기독교교육과 교수이자 기독교교육리더십연구소 소장, 대한민국교육봉사단 대표이며, 청년 세대에게 희망을 주고 그들을 섬기고 세우는 일에 힘쓰고 있다.

저서로 《너는 커서 어떤 나무가 될래?》(생명의말씀사), 《기도트렌드》(민영사), 《어쩌다 교사》, 《어쩌다 청소년 사역》, 《어쩌다 학부모》, 《수험생을 위한 100일 기도문》(이상 두란노) 등 다수가 있다.

교육·특강·설교·세미나 문의 | newant99@gmail.com
유튜브 | 기독교교육리더십연구소, 사춘기연구소

디자인 | 박은별

결혼을 위한
100日
기도문

이 책의 활용법

1. 기도하기 가장 편안한 시간을 정해 오늘 말씀을 읽고 묵상합니다.

2. 두 손을 모으고 천천히 기도문을 따라 읽고, 한 번 더 읽으면서 기도합니다.

3. 나의 개인적인 기도 제목을 쓰고 기도합니다.

4. 오늘 기도한 대로 살아가기 위해 노력합니다.

결혼을 위한 100일 기도문

지은이 | 김성중
초판 발행 | 2024. 12. 11
등록번호 | 제1988-000080호
등록된 곳 | 서울특별시 용산구 서빙고로65길 38 두란노빌딩
발행처 | 사단법인 두란노서원
영업부 | 2078-3333   FAX | 080-749-3705
출판부 | 2078-3331

책 값은 뒤표지에 있습니다.
ISBN 978-89-531-4985-4 03230

독자의 의견을 기다립니다.
tpress@duranno.com   www.duranno.com

두란노서원은 바울 사도가 3차 전도여행 때 에베소에서 성령 받은 제자들을 따로 세워 하나님의 말씀으로 양육하던 장소입니다. 사도행전 19장 8-20절의 정신에 따라 첫째 목회자를 돕는 사역과 평신도를 훈련시키는 사역, 둘째 세계선교(TIM)와 문서선교(단행본·잡지) 사역, 셋째 예수문화 및 경배와 찬양 사역, 그리고 가정·상담 사역 등을 감당하고 있습니다. 1980년 12월 22일에 창립된 두란노서원은 주님 오실 때까지 이 사역들을 계속할 것입니다.

결혼을 위한

100日

기도문

김성중

두란노

누군가를 만난다는 것은 참으로 놀랍고 신비한 일입니다. 하나님은 태초에 남자와 여자를 창조하셨습니다. 하나님은 남자와 여자가 만나서 결혼을 통해 아름다운 가정을 이루기를 원하십니다. 하나님을 신실하게 섬기며, 하나님이 예비하신 배우자를 만나기 위해 하나님의 때를 기다리는 모든 분에게 하나님이 계획하시고, 주관하시고, 인도하시고, 이끄시는 놀라운 만남의 역사가 일어나기를 간절히 소망하고 기도합니다.

이 책은 결혼을 생각하고, 결혼을 준비하는 분들이 하루하루 말씀을 묵상하며 기도할 수 있도록 돕는 책입니다. 아직 결혼 상대자를 만나지 못해서 기다리는 분이나 결혼을 앞둔 예비부부 모두에게 필요한 책입니다.

결혼을 아직 하지 않은 신앙인에게 "당신은 어떤 사람을 만나기를 원합니까?"라는 질문을 던지면 자신이 생각하는 좋은 배우자의 조건들을 말할 것입니다. 신앙도 좋고, 성품도 좋고, 능력도 있는 사람을 만나기를 원할 것입니다. 그런데 여기서 중요하게 던져 보아야 하는 질문은 바로 "나 자신은 좋은 배우자감인가?"입니다. "내가 만나기를 원하는 사람의 조건들을 나는 다 가지고 있느냐?"는 것입니다.

기독교 신앙의 원리는 바로 마태복음 7장 12절에 나오는 황금률입니다. "그러므로 무엇이든지 남에게 대접을 받고자 하는 대로 너희도 남을 대접하라 이것이 율법이요 선지자니라." 내가 원하는 좋은 배우자를 만나기를 원한다면 내가 먼저 좋은 배우자가 되어야 하는 것입니다. 내가 바라는 좋은 신앙인, 좋은 사람과 만나서 결혼하기를 원한다면 내가 먼저 좋은 신앙인, 좋은 사람이 되어야 하는 것입니다.

하나님이 주관하시는 만남을 통해 하나님이 원하시는 결혼을 하고, 하나님이 기뻐하시는 가정을 세워 나가기를 원하는 모든 분이 하나님을 향한 간절하고 진실한 기도를 통해 그 꿈을 이루시기를 소망하고 응원합니다!

2024년 12월
김성중

목차

이 책의 활용법 2

프롤로그 4

PART 1.
**하나님이 기뻐하시는 만남을 위해
준비하기 원합니다!** 12

001 나를 창조하신 하나님을 닮고 싶어요

002 하나님의 눈으로 나를 보게 해 주세요

003 십자가 사랑으로 담대하기 원합니다

004 먼저 나를 사랑하게 해 주세요

005 하나님 사랑을 받는 곳에 있기 원합니다

006 나는 사랑받기 위해 태어난 사람!

007 사랑하지 못했음을 회개합니다

008 고백할 말과 용기를 주세요

009 예비된 배우자를 믿음으로 기다립니다

010 만남의 모든 과정을 주관해 주세요

011 좋은 배우자를 간절히 기다립니다

012 두려움 버리고 하나님만 신뢰합니다

013 결혼에 대한 하나님 뜻을 알기 원합니다

014 하나님 뜻인가요? 내 욕심인가요?

PART 2.
**내가 먼저 하나님이 기뻐하시는 사람이 되고,
하나님이 기뻐하시는 사람을 만나기 원합니다!** 42

015 하나님을 경외하게 해 주세요

016 예수님을 뜨겁게 만나게 해 주세요

017 예수님! 나의 주인이 되어 주세요

018 온전한 예배자 되기를 원합니다

019 하나님 뜻에 순종하고 싶어요

020 하나님 사랑, 성경 사랑

021 삶의 매 순간 기도하게 해 주세요

022 맡겨진 교회 봉사에 성실하기 원합니다

023 섬김을 실천하는 삶 살고 싶어요

024 내 물질의 주인은 하나님이십니다

025 하나님을 찬양하며 살게 해 주세요

026 항상 감사하도록 힘 주세요

027 겸손의 왕 예수님을 닮기 원합니다

028 전도자의 삶을 살기를 간구합니다

029 예수님처럼 공감하기를!

030 듣기는 속히, 말하기와 화는 더디!

031 살리는 말이 습관이 되게 해 주세요

032 마음 다해 칭찬하는 사람이 되고 싶어요

033 하나님! 대화를 잘하도록 복 주세요

034 복의 통로, 복의 사람이 되기 원합니다

035 중심을 보는 지혜를 주세요

036 주안에서 항상 기뻐하기 원합니다

037 화평케 하는 사람이 되게 해 주세요

038 인내하는 사람이 되기를 기도합니다

039 용서하는 신앙인이 되게 해 주세요

040 어디서나 빛과 소금으로 살기 원합니다

041 하나님의 충성된 일꾼 삼아 주세요

042 작은 일에도 최선을 다하기를!

043 변함없이 성실한 신앙인이 되고 싶어요

044 서로에게 끝까지 성실하기를 원합니다

045 온유하고, 친절하고, 겸손하고!

046 하나님! 죄를 끊는 결단력을 주세요

047 정직한 노력과 정직한 결과를 기대합니다

048 주여! 거짓말했던 것을 회개합니다

049 부지런하게, 힘차게 살아갈게요

050 좋은 리더가 되도록 도와주세요

051 전문성을 발휘해 인정받게 해 주세요

052 목표를 향해 열심히 달려갑니다

053 책임감이 투철한 사람이 되고 싶어요

054 넘어져도 거뜬히 일어나게 해 주세요

055 바르고 공정한 판단력을 주세요

056 옳고 그름을 제대로 분별하기 원합니다

057 말씀을 기준 삼기로 결단합니다

058 열정적으로, 뜨겁게 살고 싶어요

059 바른 일을 할 때 추진력을 주세요

060 궂은일, 힘든 일도 내가 먼저!

061 창의적인 능력을 선물해 주세요

062 정확하게, 꼼꼼하게 일하게 해 주세요

063 몸이 건강하기를 소망합니다

064 마음이 건강하기를 소망합니다

065 치유의 하나님, 나를 치유해 주세요

066 긍정성이 삶에 넘치기를 간구합니다

067 더 성장, 더 성숙하게 해 주세요

PART 3.

하나님이 기뻐하시는 결혼 준비를 하고, 결혼생활을 하기 원합니다! 150

068 하나님 앞에서 교제하기 원합니다

069 내 배우자가 맞다는 확신을 주세요

070 거룩한 프러포즈가 되도록 도와주세요

071 때마다 공급해 주실 주님을 믿습니다

072 전능하신 주여! 걱정 다 맡겨 드립니다

073 믿음의 가정으로 세워 주세요

074 가족 모두 하나님의 가치로 살아가기를!

075 결혼 승낙 과정이 순탄하게 도와주세요

076 평화로운 상견례 되기를 기도합니다

077 결혼 준비 과정이 형통하기를 원합니다

078 하나님 마음에 합한 결혼 예식이 되기를!

079 이제 둘이 아니라 하나입니다

080 부모를 더욱 공경하게 해 주세요

081 서로서로 돕는 배필이 되기를 바랍니다

082 편안한 친구 같은 부부를 꿈꿉니다

083 날마다 더 뜨겁게 사랑하게 해 주세요

084 아름답게 자라 가기를 기도합니다

085 다름을 인정하도록 도와주세요

086 비판 말고 이해!

087 부부 싸움 가운데 간섭하여 주세요

088 결혼생활에 소소한 행복이 깃들기를!

089 늘 서로를 존귀히 여기게 해 주세요

090 믿음의 끈이 견고해지기를 소망합니다

091 본이 되는 가정으로 세워 주세요

092 서로 먼저 섬기는 가정 되기 원합니다

093 우리 가정 최고의 상담자, 하나님

094 어떻게 하면 하나님이 기뻐하실까요?

095 생명을 살리는 데 사용해 주세요

096 하나님의 선물, 자녀를 고대합니다

097 아이의 영육이 강건하기를 기도합니다

098 아이가 예수님 닮게 해 주세요

099 하나님! 우리 가정을 붙들어 주세요

100 하나님은 우리 가정의 주인이십니다!

PART 1.

하나님이
기뻐하시는 만남을 위해
준비하기 원합니다!

001

나를 창조하신
하나님을 닮고 싶어요

하나님이 자기 형상 곧 하나님의 형상대로 사람을
창조하시되 남자와 여자를 창조하시고 | 창 1:27 |

우리를 하나님의 형상대로 만드신 하나님!

모든 감사와 찬양, 존귀와 영광을 하나님께
올려 드립니다.

나를 하나님을 닮은 귀한 존재로 만들어 주
시니 진심으로 감사를 드립니다. 그리고 나
에게 성별을 정해 주시고 남자로 여자로 태
어나게 해 주시니 감사를 드립니다. 이것이
놀라운 하나님의 신비임을 깨달을 수 있는
지혜를 허락하여 주세요.

나는 하나님을 닮은 존재라는 사실을 굳게
믿으며 하나님이 기뻐하시는 삶을 살아갈
수 있도록 인도하여 주세요.

하나님을 닮을 수 있도록 도와주시는 예수
님의 이름으로 간절히 기도드립니다. 아멘.

my prayer

_____

_____

_____

002

하나님의 눈으로
나를 보게 해 주세요

그러나 너희는 택하신 족속이요 왕 같은 제사장들이
요 거룩한 나라요 그의 소유가 된 백성이니 이는 너
희를 어두운 데서 불러내어 그의 기이한 빛에 들어가
게 하신 이의 아름다운 덕을 선포하게 하려 하심이라
| 벧전 2:9 |

나를 귀한 존재로 불러 주신 하나님!

모든 감사와 찬양, 존귀와 영광을 하나님께
올려 드립니다.

택하신 하나님의 자녀로, 성경 시대 가장 귀
한 존재였던 왕으로, 제사장으로 나를 불러
주신 하나님의 은혜에 감사를 드립니다. 나
같이 작은 존재를 하나님의 나라로 여겨 주
시고 하나님께 속한 존재로 세워 주시니 감
사를 드립니다.

하나님! 이 세상은 비교 평가의 문화 가운데
사람을 바라봅니다. 그 안에서 나를 다른 사
람과 비교하면서 열등감에 빠질 때가 많이
있습니다. 이제부터는 세상이 나를 보는 관
점이 아니라 하나님이 나를 바라보시는 관
점을 가지고 살아가게 하시고 열등감에서
빠져나오는 역사가 일어나게 해 주세요.

아무 조건 없이 나를 사랑하시는 예수님의
이름으로 간절히 기도드립니다. 아멘.

my prayer

_____

_____

_____

003
십자가 사랑으로
담대하기 원합니다

하나님이 세상을 이처럼 사랑하사 독생자를 주셨으니 이는 그를 믿는 자마다 멸망하지 않고 영생을 얻게 하려 하심이라 | 요 3:16 |

나를 뜨겁게 사랑하시는 하나님!

모든 감사와 찬양, 존귀와 영광을 하나님께 올려 드립니다.

하나님은 우리를 사랑하셔서 독생자 예수 그리스도를 우리에게 보내 주시고 우리의 모든 죄의 값을 다 치르게 하셨습니다. 예수님이 십자가 상에서 귀한 보혈을 흘리심으로 인해 우리의 모든 죄가 다 씻어졌습니다.

하나님이 나를 언제나 어느 때나 사랑하신다는 사실을 굳게 믿으며 담대하게 세상을 살아가게 하여 주세요. 하나님이 나를 사랑하신다는 사실에 감격하고 감사하는 삶이 되게 하여 주세요.

사랑의 원천이신 예수님의 이름으로 간절히 기도드립니다. 아멘.

my prayer

_____

_____

_____

004
먼저 나를 사랑하게 해 주세요

둘째도 그와 같으니 네 이웃을 네 자신같이 사랑하라
하셨으니 | 마 22:39 |

아가페 사랑으로 나를 사랑하시는 하나님!

모든 감사와 찬양, 존귀와 영광을 하나님께
올려 드립니다.

다른 사람을 사랑하기 위해서는 먼저 나를
사랑해야 한다고 성경은 말합니다. 그동안
나 자신을 사랑하지 못한 죄를 용서하여 주
시옵소서. 그리고 하나님이 나를 사랑하시
는 아가페 사랑으로 나 자신을 사랑할 수 있
도록 도와주세요.

나 자신을 소중히 여기는 사람이 되게 하여
주세요. 과거의 시간 속에서 실수하고 실패
했던 경험들, 부족했던 모습들을 사랑으로
용납할 수 있도록 인도하여 주세요.

사랑이 진리임을 친히 보여 주신 예수님의
이름으로 간절히 기도드립니다. 아멘.

my prayer

_____

_____

_____

005
하나님 사랑을 받는 곳에
있기 원합니다

새 계명을 너희에게 주노니 서로 사랑하라 내가 너희를
사랑한 것같이 너희도 서로 사랑하라 | 요 13:34 |

사랑의 법을 우리에게 알려 주신 하나님!

모든 감사와 찬양, 존귀와 영광을 하나님께
올려 드립니다.

하나님은 나를 사랑하십니다. 내가 다른 사
람을 사랑할 수 있는 근거는 하나님이 나를
사랑하시기 때문입니다. 내가 다른 사람을
받아들일 수 있는 힘은 하나님이 나를 품어
주시기 때문입니다.

다른 사람을 사랑하고 품기 위해 하나님의
사랑을 받는 자리에 계속 있게 하여 주시옵
소서. 하나님의 사랑을 받는 기도의 자리에
있게 하여 주세요. 하나님의 사랑을 받는 말
씀 묵상의 자리에 있게 하여 주세요. 하나님
의 사랑을 받는 예배의 자리에 있게 하여 주
세요.

우리를 만나기를 간절히 원하시는 예수님
의 이름으로 기도드립니다. 아멘.

my prayer

_____

_____

_____

006
나는 사랑받기 위해
태어난 사람!

사랑을 받는 의사 누가와 또 데마가 너희에게 문안하
느니라 | 골 4:14 |

사랑받는 존재로 우리를 만드신 하나님!

모든 감사와 찬양, 존귀와 영광을 하나님께 올려 드립니다.

"당신은 사랑받기 위해 태어난 사람"이라는 찬양의 가사대로 나는 사랑받기 위해 태어난 사람이라고 믿습니다.

'나는 사랑받을 자격이 없어'라든지, '나를 사랑해 주는 사람은 없어'라든지, '나를 사랑해 주는 사람이 과연 있을까'와 같은 부정적인 생각을 버리게 하여 주세요. 그리고 주변 사람들로부터 사랑을 충만하게 받는 사람이 되게 하여 주세요. 그럼으로써 사랑이 얼마나 고귀하고 소중한 것인지를 깨달을 수 있도록 인도하여 주시옵소서.

매 순간 우리에게 사랑한다고 말씀하시는 예수님의 이름으로 간절히 기도드립니다. 아멘.

my prayer

007
사랑하지 못했음을
회개합니다

그러므로 무엇이든지 남에게 대접을 받고자 하는 대
로 너희도 남을 대접하라 이것이 율법이요 선지자니
라 | 마 7:12 |

사랑하기를 원하시는 하나님!

모든 감사와 찬양, 존귀와 영광을 하나님께
올려 드립니다.

사랑이 가장 중요한 것임을 알고 있음에도
불구하고 내 주변 사람들을 진심으로 사랑
하지 못한 부족한 모습을 십자가 앞에 회개
합니다. 예수님이 우리에게 알려 주신 황금
률을 굳게 믿고, 사랑을 받고자 하는 대로 먼
저 다른 사람을 사랑할 수 있는 용기와 능력
을 더해 주시옵소서.

가까운 내 가족부터 사랑할 수 있는 힘을 더
해 주시고, 교회 식구들을 사랑할 수 있는 능
력을 더해 주시옵소서. 또한 일터에서 함께
일하는 사람들을 사랑할 수 있는 마음을 더
해 주시옵소서.

사랑이 전부임을 보여 주신 예수님의 이름
으로 간절히 기도드립니다. 아멘.

my prayer

_____

_____

_____

008
고백할 말과
용기를 주세요

이제 가라 내가 네 입과 함께 있어서 할 말을 가르치
리라 | 출 4:12 |

말의 능력을 주신 하나님!

모든 감사와 찬양, 존귀와 영광을 하나님께 올려 드립니다.

하나님이 예비하신 나에게 적합한 배우자가 나타났을 때 고백할 수 있는 용기를 허락하여 주시옵소서. 사랑은 표현해야 상대방이 알 수 있습니다. 혹시 거절당할까 봐 두려워하지 않게 하시고 용기를 가지고 솔직하게 사랑을 표현하고 고백할 수 있는 사람이 되게 도와주시옵소서.

상대방의 마음을 여는 고백을 할 수 있도록 고백할 말을 알려 주시옵소서. 그리고 사랑을 고백했을 때 상대방이 수용함으로 인해 아름다운 만남이 이루어질 수 있도록 복 내려 주시옵소서.

말할 수 있는 용기를 주시는 예수님의 이름으로 간절히 기도드립니다. 아멘.

my prayer

009

예비된 배우자를
믿음으로 기다립니다

이는 내 생각이 너희의 생각과 다르며 내 길은 너희의 길과 다름이니라 여호와의 말씀이니라 이는 하늘이 땅보다 높음같이 내 길은 너희의 길보다 높으며 내 생각은 너희의 생각보다 높음이니라 | 사 55:8-9 |

기다리는 자에게 복을 주시는 하나님!

모든 감사와 찬양, 존귀와 영광을 하나님께
올려 드립니다.

하나님이 허락하신 만남의 때를 기다릴 수
있는 성숙한 신앙이 있기를 소망합니다. 당
장 내 눈앞에 나에게 적합한 배우자가 나타
나지 않는다고 조급해하지 않게 하시고, 기
도하면서 하나님의 때를 기다릴 수 있는 지
혜를 허락하여 주시옵소서.

하나님의 때에 하나님이 허락하신 배우자
를 주신다는 믿음을 가지고 살아갈 수 있도
록 인도하여 주시옵소서. 하나님의 때에 나
의 배우자를 만나게 해 주실 줄 믿습니다.

하나님의 때를 신뢰하는 자에게 은혜로 채
워 주시는 예수님의 이름으로 간절히 기도
드립니다. 아멘.

my prayer

_____

_____

_____

010

만남의 모든 과정을 주관해 주세요

그가 이르되 우리 주인 아브라함의 하나님 여호와여
원하건대 오늘 나에게 순조롭게 만나게 하사 내 주인
아브라함에게 은혜를 베푸시옵소서 | 창 24:12 |

우리의 삶의 주관자 되시는 하나님!

모든 감사와 찬양, 존귀와 영광을 하나님께
올려 드립니다.

우리의 인생 가운데서 배우자와의 만남이
정말 중요합니다. 만남의 모든 과정을 하나
님이 주관하여 주시기를 소망합니다. 배우
자와 만나기 위해 준비하는 시간부터 만남
의 시작, 만남의 성숙, 만남의 결실인 결혼,
그 이후 결혼생활까지 하나님이 주관자 되
어 주시고 선하게 인도해 주시기를 간절히
소망합니다.

하나님이 계획하시고, 주관하시고, 인도하
시고, 이끄시는 만남의 역사가 나의 삶 속에
이루어질 수 있도록 복 내려 주시옵소서.

만남의 복을 허락해 주시는 예수님의 이름
으로 간절히 기도드립니다. 아멘.

my prayer

_____

_____

_____

011
좋은 배우자를
간절히 기다립니다

형제들아 우리가 잠시 너희를 떠난 것은 얼굴이요 마음은 아니니 너희 얼굴 보기를 열정으로 더욱 힘썼노라 | 살전 2:17 |

갈급한 자에게 역사하시는 하나님!

모든 감사와 찬양, 존귀와 영광을 하나님께 올려 드립니다.

하나님이 기뻐하시는 사람을 꼭 만나고 싶은 열정이 내 마음속에 가득하기를 원합니다. 만남은 하나님이 허락하신 복임을 깨닫고, 좋은 배우자를 만나고 싶은 열망이 생기게 하여 주세요.

만남에 대한 기대가 있게 하시고, 만남을 진정으로 소망하며 하나님께 기도하고 간구할 수 있도록 인도하여 주시옵소서. 만남에 대한 소망을 하나님께 간절히 아뢸 때 하나님이 이루어 주실 줄 믿습니다.

우리의 기도를 들어 주시는 예수님의 이름으로 간절히 기도드립니다. 아멘.

my prayer

_____

_____

_____

012
두려움 버리고
하나님만 신뢰합니다

믿음이 없이는 하나님을 기쁘시게 하지 못하나니 하
나님께 나아가는 자는 반드시 그가 계신 것과 또한
그가 자기를 찾는 자들에게 상 주시는 이심을 믿어야
할지니라 | 히 11:6 |

믿는 자에게 역사하시는 하나님!

모든 감사와 찬양, 존귀와 영광을 하나님께 올려 드립니다.

만남과 결혼을 준비하면서 '과연 나는 좋은 배우자를 만날 수 있을까?' 걱정이 될 때가 많습니다. 나에게 맞는 배우자를 만나지 못할 것 같은 불안감에 휩싸일 때도 많습니다.

하나님이 기뻐하시는 좋은 배우자를 만날 수 있다는 믿음이 나에게 있기를 소망합니다. 하나님이 예비하신 나에게 딱 맞는 배우자를 만날 수 있다는 믿음이 있기를 원합니다. 믿은 대로 이루어지기 때문에 믿음이 중요하다는 사실을 붙잡고, 하나님을 전적으로 믿고 신뢰하며 나아갈 수 있도록 인도하여 주시옵소서.

믿음을 통해 일하시는 예수님의 이름으로 간절히 기도드립니다. 아멘.

my prayer

_____

_____

_____

013
결혼에 대한 하나님 뜻을
알기 원합니다

모든 사람은 결혼을 귀히 여기고 침소를 더럽히지 않
게 하라 음행하는 자들과 간음하는 자들을 하나님이
심판하시리라 | 히 13:4 |

결혼을 허락하신 하나님!

모든 감사와 찬양, 존귀와 영광을 하나님께 올려 드립니다.

남자와 여자가 만나서 결혼하는 것은 하나님의 뜻이며 신비임을 고백합니다. 결혼이라는 제도를 통해서 사랑을 실천하게 하시고 아름다운 공동체를 만들게 하신 하나님! 하나님의 그 뜻을 알고, 결혼이 얼마나 중요하고 소중한 삶의 과정인지를 깨달을 수 있는 지혜를 허락해 주시옵소서.

나이가 차서 혹은 주위 사람들이 해야 한다고 하니까 떠밀려서 하는 결혼이 아니기를 원합니다. 하나님이 남자와 여자가 만나서 결혼하게 하신 뜻을 온전히 깨닫고 결혼을 준비할 수 있도록 인도하여 주시옵소서.

하나님의 뜻을 분명히 깨닫게 하시는 예수님의 이름으로 간절히 기도드립니다. 아멘.

my prayer

_____

_____

_____

014
하나님 뜻인가요?
내 욕심인가요?

너희 안에서 행하시는 이는 하나님이시니 자기의 기
쁘신 뜻을 위하여 너희에게 소원을 두고 행하게 하시
나니 | 빌 2:13 |

마음에 소원을 주시는 하나님!

모든 감사와 찬양, 존귀와 영광을 하나님께
올려 드립니다.

평생의 배우자를 선택할 때 내 생각과 판단
과 감정이 아닌 하나님의 뜻에 맞게 선택하
기를 원합니다. 하나님은 나의 마음속에 소
원을 주시면서 하나님의 뜻을 보여 주심을
믿습니다.

내 마음속에 선택하고 싶은 소망과 열망이
생길 때 이것이 하나님의 뜻인지, 아니면 개
인적인 욕심인지를 분별할 수 있게 하여 주
세요. 기한을 정해서 기도하면서 내 마음속
소원이 줄어드는지, 아니면 유지되거나 더
커지는지를 살펴보면서 조심스럽게 하나
님의 뜻을 찾게 하여 주세요.

하나님의 뜻을 깨달을 수 있도록 지혜를 주
시는 예수님의 이름으로 간절히 기도드립
니다. 아멘.

my prayer

_____

_____

_____

PART 2.

내가 먼저
하나님이 기뻐하시는
사람이 되고,
하나님이 기뻐하시는
사람을 만나기 원합니다!

015
하나님을 경외하게
해 주세요

너희 성도들아 여호와를 경외하라 그를 경외하는 자
에게는 부족함이 없도다 | 시 34:9 |

부족함이 없도록 채워 주시는 하나님!

모든 감사와 찬양, 존귀와 영광을 하나님께 올려 드립니다.

하나님을 뜨겁게 사랑하고 하나님을 존경하는 신앙인이 되기를 소망합니다. 하나님을 사랑하고 존경해서 나오는 경외를 실천하는 신앙인이 되기를 기도합니다. 삶 속에서 하나님을 온전히 경외함으로 하나님의 은혜를 충만하게 받아 누리는 사람이 되게 하여 주세요.

배우자를 위해서도 기도합니다. 내가 평생 함께할 배우자가 하나님을 가장 사랑하고 존경하면서 경외를 실천하는 신앙인이 될 수 있게 하여 주세요.

하나님을 경외할 수 있도록 우리를 인도하시는 예수님의 이름으로 간절히 기도드립니다. 아멘.

my prayer

_____

_____

_____

016
예수님을 뜨겁게
만나게 해 주세요

그러면 이제 우리가 그의 피로 말미암아 의롭다 하심
을 받았으니 더욱 그로 말미암아 진노하심에서 구원
을 받을 것이니 | 롬 5:9 |

예수님을 우리의 구원자로 보내신 하나님!

모든 감사와 찬양, 존귀와 영광을 하나님께 올려 드립니다.

예수님을 뜨겁게 만나기를 소망합니다. 예수님이 나의 모든 죄를 대신 지시고 십자가에서 피 흘려 돌아가심으로 말미암아 나의 모든 죄가 깨끗하게 씻어졌고 하나님의 자녀가 되었다는 사실을 굳게 믿기를 원합니다. 예수님으로 인해 구원받았음을 확신하며 살아가기를 소망합니다.

배우자를 위해서도 기도합니다. 내가 평생함께할 배우자가 예수님을 뜨겁게 만나게 하시고, 예수님으로 인해 구원받았음을 굳게 믿고 살아가는 참된 신앙인이 될 수 있게 하여 주세요.

우리의 모든 죄를 다 씻어 주신 예수님의 이름으로 간절히 기도드립니다. 아멘.

my prayer

_____

_____

_____

017

예수님! 나의 주인이
되어 주세요

내가 그리스도와 함께 십자가에 못 박혔나니 그런즉
이제는 내가 사는 것이 아니요 오직 내 안에 그리스
도께서 사시는 것이라 이제 내가 육체 가운데 사는
것은 나를 사랑하사 나를 위하여 자기 자신을 버리신
하나님의 아들을 믿는 믿음 안에서 사는 것이라

| 갈 2:20 |

내 삶의 주관자 되시는 하나님!

모든 감사와 찬양, 존귀와 영광을 하나님께 올려 드립니다.

예수님이 나의 주인이 되어 주시기를 소망합니다. 예수님이 내 삶의 주인이 되어 주셔서 나의 삶을 인도해 주시고 이끌어 주시기를 원합니다. 예수님을 의지하고 예수님을 기쁘시게 하며 살아가는 신실한 신앙인이 될 수 있게 하여 주세요.

배우자를 위해서도 기도합니다. 내가 평생 함께할 배우자가 예수님을 삶의 주인으로 모시고 예수님 중심으로 살아가는 예수님의 사람이 될 수 있게 하여 주세요.

우리의 전부가 되시고 주인이 되시는 예수님의 이름으로 간절히 기도드립니다. 아멘.

my prayer

_____

_____

_____

018
온전한 예배자 되기를 원합니다

하나님은 영이시니 예배하는 자가 영과 진리로 예배
할지니라 | 요 4:24 |

예배 받으시기에 합당하신 하나님!

모든 감사와 찬양, 존귀와 영광을 하나님께
올려 드립니다.

하나님은 온전한 예배자를 찾으시는데 형식
적으로 예배드리는 나의 잘못을 용서하여
주시옵소서. 이제부터는 하나님이 기뻐하
시고 찾으시는 예배자가 되기 위해 노력하
겠습니다. 삶의 최우선순위를 예배에 두며,
간절한 마음으로 예배를 드리겠습니다. 집
중해서 예배드리고 진정성 있게 예배를 드
리겠습니다. 나의 결단을 받아 주시옵소서.

배우자를 위해서도 기도합니다. 내가 평생
함께할 배우자가 예배를 소중히 여기며, 예
배 시간을 최우선 시간으로 두며, 온전히 예
배드리는 예배자가 될 수 있게 하여 주세요.

예배 가운데 역사하시는 예수님의 이름으
로 간절히 기도드립니다. 아멘.

my prayer

_____

_____

_____

019
하나님 뜻에
순종하고 싶어요

사무엘이 이르되 여호와께서 번제와 다른 제사를 그의 목소리를 청종하는 것을 좋아하심같이 좋아하시겠나이까 순종이 제사보다 낫고 듣는 것이 숫양의 기름보다 나으니 | 삼상 15:22 |

순종하는 자에게 복을 주시는 하나님!

모든 감사와 찬양, 존귀와 영광을 하나님께 올려 드립니다.

지금까지 신앙생활을 하는 동안 하나님의 뜻대로 살지 못한 나의 잘못을 회개합니다. 하나님의 뜻을 물어보지도 않고 살았던 나의 잘못을 회개합니다. 하나님의 뜻을 알고도 그 뜻에 순종하지 못하며 살았던 나의 잘못을 회개합니다. 이제부터는 하나님의 뜻에 순종하며 살아가는 참된 신앙인이 될 수 있도록 인도하여 주시옵소서.

배우자를 위해서도 기도합니다. 내가 평생 함께할 배우자가 하나님의 뜻을 깨달을 수 있는 지혜를 주시고, 하나님의 뜻에 순종하는 신앙인이 될 수 있게 하여 주세요.

하나님의 뜻에 순종할 수 있도록 인도하시는 예수님의 이름으로 간절히 기도드립니다. 아멘.

my prayer

_____

_____

_____

020
하나님 사랑, 성경 사랑

주의 말씀은 내 발에 등이요
내 길에 빛이니이다 | 시 119:105 |

말씀 속에서 역사하시는 하나님!

모든 감사와 찬양, 존귀와 영광을 하나님께
올려 드립니다.

성경을 통해 하나님은 말씀하십니다. 성경
을 통해 하나님은 하나님의 뜻을 알려 주십
니다. 성경을 통해 하나님은 위로하시고, 가
르치시고, 깨닫게 해 주시고, 도와주시고,
문제를 해결해 주십니다. 하나님의 말씀인
성경을 더욱더 사랑할 수 있게 해 주시고, 성
경을 가까이하며 살아갈 수 있게 해 주시옵
소서. 성경을 읽고, 듣고, 지키면서 성경과
함께하는 삶이 되게 하여 주시옵소서.

배우자를 위해서도 기도합니다. 내가 평생
함께할 배우자가 하나님의 말씀인 성경을
사랑하게 하시고, 하나님의 말씀과 함께하
는 삶을 실천하게 하여 주세요.

말씀으로 능력을 베푸시는 예수님의 이름
으로 간절히 기도드립니다. 아멘.

my prayer

_____

_____

_____

021

삶의 매 순간
기도하게 해 주세요

너는 내게 부르짖으라 내가 네게 응답하겠고 네가 알
지 못하는 크고 은밀한 일을 네게 보이리라 | 렘 33:3 |

부르짖는 자에게 역사하시는 하나님!

모든 감사와 찬양, 존귀와 영광을 하나님께
올려 드립니다.

기도는 하나님과의 대화이고 만남이고 교
제입니다. 하나님은 우리가 매 순간 하나님
을 찾고 기도하기를 원하십니다. 기도가 중
요함에도 불구하고 기도하는 것을 소홀히
했던 나의 잘못을 용서하여 주시옵소서. 그
리고 언제나 어느 때나 하나님께 간절히 기
도하면서 살아가는 신앙인이 되게 하여 주
시옵소서.

배우자를 위해서도 기도합니다. 내가 평생
함께할 배우자가 기도가 무엇인지를 알고,
언제나 기도하면서 하나님의 뜻을 구하고
하나님과 동행하는 신앙인이 될 수 있게 하
여 주세요.

놀랍게 응답하여 주시는 예수님의 이름으
로 간절히 기도드립니다. 아멘.

my prayer

_____

_____

_____

022
맡겨진 교회 봉사에
성실하기 원합니다

이는 성도를 온전하게 하여 봉사의 일을 하게 하며
그리스도의 몸을 세우려 하심이라 | 엡 4:12 |

봉사의 손길을 귀하게 보시는 하나님!

모든 감사와 찬양, 존귀와 영광을 하나님께 올려 드립니다.

하나님은 봉사하는 모습을 기뻐하신다는 사실을 인식하면서 교회 안에서 맡겨진 봉사를 성실하게, 열심히 할 수 있도록 인도하여 주세요. 교회 봉사를 하는 가운데 나 자신이 더 성숙하고 성장할 수 있도록 도와주시고, 맡겨진 교회 봉사를 통해 하나님이 기뻐하시는 교회를 세워 갈 수 있도록 인도하여 주세요.

배우자를 위해서도 기도합니다. 내가 평생 함께할 배우자가 교회를 사랑하고, 교회 안에서 봉사를 실천하는 신실한 신앙인이 될 수 있게 하여 주세요.

봉사의 일을 잘 감당할 수 있도록 힘을 주시는 예수님의 이름으로 간절히 기도드립니다. 아멘.

my prayer

_____

_____

_____

023

섬김을 실천하는 삶
살고 싶어요

네가 밭에서 곡식을 벨 때에 그 한 뭇을 밭에 잊어버
렸거든 다시 가서 가져오지 말고 나그네와 고아와 과
부를 위하여 남겨두라 그리하면 네 하나님 여호와께
서 네 손으로 하는 모든 일에 복을 내리시리라

| 신 24:19 |

약자와 함께하시는 하나님!

모든 감사와 찬양, 존귀와 영광을 하나님께
올려 드립니다.

하나님은 우리가 사회적 약자와 함께하고
그들을 사랑으로 돌보기를 원하십니다. 하
나님의 마음을 이해하면서 우리 주변의 힘
든 자들에게 사랑의 손길을 펼치고 그들을
돌볼 수 있게 해 주세요. 구체적인 섬김의 실
천이 나의 삶 속에서 이루어질 수 있게 하여
주시옵소서.

배우자를 위해서도 기도힙니다. 내가 평생
함께할 배우자가 따뜻한 마음을 가지고, 주
변의 사회적 약자들을 구체적으로 돕는 실
천력 있는 신앙인이 될 수 있게 하여 주세요.

베푸는 손길에 복을 내리시는 예수님의 이
름으로 간절히 기도드립니다. 아멘.

my prayer

_____

_____

_____

024
내 물질의 주인은
하나님이십니다

각각 그 마음에 정한 대로 할 것이요 인색함으로나
억지로 하지 말지니 하나님은 즐겨 내는 자를 사랑하
시느니라 | 고후 9:7 |

물질의 주인 되시는 하나님!

모든 감사와 찬양, 존귀와 영광을 하나님께 올려 드립니다.

하나님은 우리의 삶에 물질을 주십니다. 이 물질은 내 것이 아니요, 하나님의 것임을 믿습니다. 하나님이 나에게 맡겨 주신 물질임을 기억하면서 기쁨으로 헌금할 수 있는 참된 신앙인이 되게 하여 주세요. 그리고 일상생활에서 사용하는 물질도 지혜롭게 잘 쓸 수 있도록 도와주세요.

배우자를 위해서도 기도합니다. 내가 평생 함께할 배우자가 하나님이 주신 물질을 잘 관리하고, 하나님께 드리는 헌금을 기쁨과 즐거움으로 드리는 바른 신앙인이 될 수 있게 하여 주세요.

지혜롭게 살아갈 수 있도록 도와주시는 예수님의 이름으로 간절히 기도드립니다. 아멘.

my prayer

_____

_____

_____

025

하나님을 찬양하며
살게 해 주세요

할렐루야, 여호와의 종들아 찬양하라 여호와의 이름
을 찬양하라 | 시 113:1 |

찬양 받으시기에 합당하신 하나님!

모든 감사와 찬양, 존귀와 영광을 하나님께 올려 드립니다.

하나님이 기뻐하시는 입술은 찬양하는 입술입니다. 하나님을 높이고 하나님의 이름을 찬양하는 삶을 살아가게 하여 주시옵소서. 세상 음악을 주로 듣고 세상 음악을 노래하는 것이 아니라, 찬양을 주로 듣고 찬양을 부르는 삶이 될 수 있게 하여 주세요. 찬양의 감격으로 살아가는 인생이 되게 하여 주세요.

배우자를 위해서도 기도합니다. 내가 평생함께할 배우자가 찬양을 사랑하고, 찬양을 듣는 것을 즐겨 하고, 찬양을 부르는 삶을 살아가는 신앙인이 될 수 있게 하여 주세요.

찬양의 이유 되시는 예수님의 이름으로 간절히 기도드립니다. 아멘.

my prayer

_____

_____

_____

026

항상 감사하도록
힘 주세요

범사에 감사하라 이것이 그리스도 예수 안에서 너희
를 향하신 하나님의 뜻이니라 | 살전 5:18 |

감사하는 사람을 찾으시는 하나님!

모든 감사와 찬양, 존귀와 영광을 하나님께 올려 드립니다.

하나님은 어느 때나 감사할 것을 말씀하십니다. 그러나 나는 불평으로 살았던 때가 많았음을 회개합니다. 하나님이 베풀어 주신 은혜를 생각하며, 하나님이 선물로 주신 놀라운 구원을 믿으며 매 순간 감사하는 삶을 살아가게 하여 주세요. 그리고 감사를 속으로만 가지고 있는 것이 아니라, 하나님과 사람에게 감사를 표현할 수 있게 하여 주세요.

배우자를 위해서도 기도합니다. 내가 평생 함께할 배우자의 신앙과 내면에 하나님을 향한 진실한 감사가 충만하게 하시고, 하나님과 사람에게 감사를 표현하는 사람이 될 수 있게 하여 주세요.

감사할 힘을 주시는 예수님의 이름으로 간절히 기도드립니다. 아멘.

my prayer

_____

_____

_____

027

겸손의 왕 예수님을
닮기 원합니다

주 앞에서 낮추라 그리하면 주께서 너희를 높이시리
라 | 약 4:10 |

겸손한 자를 가까이하시는 하나님!

모든 감사와 찬양, 존귀와 영광을 하나님께 올려 드립니다.

그동안 하나님이 기뻐하시는 겸손의 삶을 살지 못한 나의 부족함을 깨닫고 회개합니다. 마음속에 교만이 자리 잡고 있었음을 하나님 앞에 솔직히 고백하며 회개합니다. 하나님 앞에서 낮아지는 겸손의 삶을 살아가게 하여 주시옵소서. 상대방을 배려해서 마음을 낮추는 겸손을 실천하게 하여 주시옵소서.

배우자를 위해서도 기도합니다. 내가 평생 함께할 배우자가 교만하지 않게 하시고, 하나님 앞에서 겸손하고, 가족 안에서 겸손하고, 사람들 앞에서 마음을 낮추는 자가 되게 하여 주시옵소서.

겸손의 왕 예수님의 이름으로 간절히 기도드립니다. 아멘.

my prayer

_____

_____

_____

028
전도자의 삶을 살기를 간구합니다

이와 같이 이 작은 자 중의 하나라도 잃는 것은 하늘
에 계신 너희 아버지의 뜻이 아니니라 | 마 18:14 |

잃은 양이 돌아오기를 원하시는 하나님!

모든 감사와 찬양, 존귀와 영광을 하나님께 올려 드립니다.

하나님을 믿지 않는 자들이 하나님을 믿고 하나님의 품으로 돌아오기를 간절히 원하시는 하나님의 마음을 이해하면서 전도자의 삶을 살아갈 수 있도록 인도하여 주세요. 나의 가까운 지인에게부터 예수님의 복음을 전하면서 전도를 실천할 수 있도록 강력한 믿음과 의지를 주시옵소서.

배우자를 위해서도 기도합니다. 내가 평생 함께할 배우자가 하나님을 사랑하고 하나님의 마음을 이해하면서 주변 사람들에게 복음을 전하는 전도자가 될 수 있게 하여 주세요.

우리에게 구원을 선물로 주신 예수님의 이름으로 간절히 기도드립니다. 아멘.

my prayer

_____

_____

_____

029
예수님처럼 공감하기를!

예수께서 그가 우는 것과 또 함께 온 유대인들이 우
는 것을 보시고 심령에 비통히 여기시고 불쌍히 여기
사 이르시되 그를 어디 두었느냐 이르되 주여 와서
보옵소서 하니 예수께서 눈물을 흘리시더라

| 요 11:33-35 |

우리의 삶을 공감하시는 하나님!

모든 감사와 찬양, 존귀와 영광을 하나님께
올려 드립니다.

요한복음 11장에서 예수님은 나사로를 살
리러 가셨음에도 불구하고 나사로가 죽은
것을 슬퍼하는 사람들을 보고 공감하시면
서 눈물을 흘리셨습니다. 상대방의 상황과
감정을 내 것으로 받아들이는 공감을 할 수
있는 능력을 나에게 허락하여 주시옵소서.
상대방을 받아들이는 공감을 삶에서 실천
할 수 있도록 인도해 주세요.

배우자를 위해서도 기도합니다. 내가 평생
함께할 배우자가 나의 상황을 이해해 주고,
그 상황 속에서 느끼는 감정을 받아들여 주
는 공감의 사람이 될 수 있게 하여 주세요.

우리를 따뜻한 두 팔로 안아 주시는 예수님
의 이름으로 간절히 기도드립니다. 아멘.

my prayer

_____

_____

_____

030
듣기는 속히,
말하기와 화는 더디!

내 사랑하는 형제들아 너희가 알지니 사람마다 듣기
는 속히 하고 말하기는 더디 하며 성내기도 더디 하
라 | 약 1:19 |

듣는 귀를 만들어 주신 하나님!

모든 감사와 찬양, 존귀와 영광을 하나님께
올려 드립니다.

나는 상대방이 나의 이야기를 잘 듣고 수용
해 주기를 원하지만, 반대로 상대방의 이야
기를 잘 들어 주지 못했던 부족한 모습이 있
었습니다. 나의 모습을 회개하오니 용서하
여 주시옵소서. 상대방의 이야기를 경청하
고 수용할 수 있는 마음을 허락하여 주시고,
내면의 화를 다스릴 수 있는 성숙한 사람이
되게 하여 주세요.

배우자를 위해서도 기도합니다. 내가 평생
함께할 배우자가 상대방의 이야기를 집중
해서 잘 듣고 수용해 주는 마음이 있고, 분노
를 잘 다스리는 성숙한 사람이 될 수 있게 하
여 주세요.

우리의 감정을 지켜 주시는 예수님의 이름
으로 간절히 기도드립니다. 아멘.

my prayer

_____

_____

_____

031

살리는 말이 습관이 되게 해 주세요

말이 많으면 허물을 면하기 어려우나 그 입술을 제어
하는 자는 지혜가 있느니라 | 잠 10:19 |

언어를 창조하신 하나님!

모든 감사와 찬양, 존귀와 영광을 하나님께 올려 드립니다.

하나님은 우리에게 말을 할 수 있는 선물을 주셨지만, 이 말을 잘못 사용했던 때가 많습니다. 다른 사람에게 상처 주는 말, 불평과 불만의 말, 불신앙의 말, 상스러운 말, 쓸데없는 말을 해 왔던 나의 모습을 십자가 앞에서 회개합니다. 이제부터 말을 조심하게 하시고, 말실수를 하지 않을 수 있도록 입술을 제어하는 지혜와 능력을 주시옵소서.

배우자를 위해서도 기도합니다. 내가 평생 함께할 배우자가 말의 지혜가 있고, 신중하게 언어를 사용하는 모범적인 사람이 될 수 있게 하여 주세요.

생명을 살리는 말을 하기 원하시는 예수님의 이름으로 간절히 기도드립니다. 아멘.

my prayer

_____

_____

_____

032
마음 다해 칭찬하는
사람이 되고 싶어요

타인이 너를 칭찬하게 하고 네 입으로는 하지 말며
외인이 너를 칭찬하게 하고 네 입술로는 하지 말지니
라 |잠 27:2|

우리를 칭찬해 주시는 좋으신 하나님!

모든 감사와 찬양, 존귀와 영광을 하나님께 올려 드립니다.

나의 입술이 상대방의 존재를 인정하는 칭찬의 말을 하기를 원합니다. 나의 입술이 상대방이 한 일을 진심으로 응원하고 격려하는 칭찬의 말을 하기를 원합니다. 상대방을 마음으로도 칭찬하고, 겉으로도 칭찬하는 진정한 칭찬의 사람이 되게 하여 주시옵소서.

배우자를 위해서도 기도합니다. 내가 평생함께할 배우자가 칭찬을 잘하는 사람이 되기를 원합니다. 상대방을 수용해 주고, 열심히 한 것을 진심으로 인정해 주는 칭찬의 사람이 될 수 있게 하여 주세요.

우리를 인정해 주시고 세워 주시는 예수님의 이름으로 간절히 기도드립니다. 아멘.

my prayer

_____

_____

_____

033

하나님! 대화를 잘하도록
복 주세요

경우에 합당한 말은 아로새긴 은 쟁반에 금 사과니라
| 잠 25:11 |

우리와 친밀한 대화를 나누기 원하시는 하나님!

모든 감사와 찬양, 존귀와 영광을 하나님께 올려 드립니다.

상대방과 대화를 하는 가운데 상대방을 기분 좋게 하고, 상대방에게 맞춰 주는 여유도 있고, 좋은 대화를 통해서 상대방과 친밀감을 형성해 가기를 원합니다. 대화에 있어서 지혜와 능력과 통찰이 있는 사람이 될 수 있도록 복 내려 주시옵소서.

배우자를 위해서도 기도합니다. 내가 평생 함께할 배우자가 대화에 있어서 수용적 자세를 가지고, 좋은 대화를 끌어내는 지혜로운 사람이 될 수 있게 하여 주세요.

말씀으로 우리에게 역사하시는 예수님의 이름으로 간절히 기도드립니다. 아멘.

my prayer

_____

_____

_____

034

복의 통로, 복의 사람이 되기 원합니다

너희를 박해하는 자를 축복하라 축복하고 저주하지 말라 | 롬 12:14 |

우리에게 복을 내려 주시는 하나님!

모든 감사와 찬양, 존귀와 영광을 하나님께
올려 드립니다.

내가 다른 사람을 진심으로 축복할 수 있는
사람이 되게 하여 주세요. 심지어 나를 힘
들게 하는 사람에게도 축복의 말을 할 수
있는, 예수님 닮은 사람이 되게 하여 주세
요. 누군가를 저주하는 입술은 완전히 버릴
수 있도록 도와주세요.

배우자를 위해서도 기도합니다. 내가 평생
함께할 배우자가 다른 사람이 진심으로 잘
되기를 원하고, 다른 사람을 진정으로 축복
해 주는 신앙인이 될 수 있게 하여 주세요.

우리가 복의 사람이 되기를 원하시는 예수
님의 이름으로 간절히 기도드립니다. 아멘.

my prayer

_____

_____

_____

035
중심을 보는
지혜를 주세요

여호와께서 사무엘에게 이르시되 그의 용모와 키를
보지 말라 내가 이미 그를 버렸노라 내가 보는 것은
사람과 같지 아니하니 사람은 외모를 보거니와 나 여
호와는 중심을 보느니라 하시더라 | 삼상 16:7 |

중심을 보시는 하나님!

모든 감사와 찬양, 존귀와 영광을 하나님께
올려 드립니다.

하나님은 우리 각자의 중심을 보시면서 개
별적으로 평가하시는 하나님이십니다. 결
과만 보지 않고 그 과정을 보시는 하나님이
십니다. 하나님을 닮기를 원합니다. 상대방
을 다른 사람과 비교 평가하지 않게 하시고,
그 사람이 얼마나 열심히 노력하는지 과정
을 보게 하시고, 그 중심을 볼 수 있는 지혜
를 허락하여 주세요.

배우자를 위해서도 기도합니다. 내가 평생
함께할 배우자가 상대방이 자기 한계를 극
복하고 더 나은 사람이 되기 위해 얼마나 열
심히 노력했는지 그 과정을 보는 지혜로운
사람이 될 수 있게 하여 주세요.

우리의 삶의 과정을 지켜보시는 예수님의
이름으로 간절히 기도드립니다. 아멘.

my prayer

036

주 안에서 항상
기뻐하기 원합니다

주 안에서 항상 기뻐하라 내가 다시 말하노니 기뻐하
라 | 빌 4:4 |

참된 기쁨을 선물해 주시는 하나님!

모든 감사와 찬양, 존귀와 영광을 하나님께
올려 드립니다.

하나님은 항상 기뻐하라고 말씀하시는데,
나는 좋은 일이 있을 때, 내가 원하는 것을 가
지게 되었을 때, 내가 꿈꾸던 것을 이루었을
때만 기뻐했습니다. 나는 기뻐할 조건이 있
을 때만 기뻐했습니다. 이제부터는 항상 기
뻐할 수 있게 하여 주세요. 항상 기뻐할 수 있
는 방법은 주님 안에 있는 것임을 깨닫고, 매
순간 주님 안에서 살아가게 하여 주세요. 주
님만이 나의 진정한 소망이시고 참된 기쁨
의 근원이심을 믿고 살아가게 하여 주세요.

배우자를 위해서도 기도합니다. 내가 평생
함께할 배우자가 하나님 안에서 항상 기뻐
하는 참된 신앙인이 될 수 있게 하여 주세요.

기쁨의 원천 되시는 예수님의 이름으로 간
절히 기도드립니다. 아멘.

my prayer

037

화평케 하는 사람이
되게 해 주세요

화평하게 하는 자는 복이 있나니 그들이 하나님의 아
들이라 일컬음을 받을 것임이요 | 마 5:9 |

화평을 선물로 주시는 하나님!

모든 감사와 찬양, 존귀와 영광을 하나님께 올려 드립니다.

하나님은 화평하게 하는 이는 행복한 사람이라고 말씀하셨고, 그 사람은 하나님의 아들이라 불릴 것이라는 엄청난 약속을 하셨습니다. 예수님은 이 세상에 오셔서 하나님과 우리 사이에 놓인 죄의 장벽을 무너뜨리시고 하나님과 우리를 하나로 만든 평화의 사역을 감당하셨습니다. 평화를 사랑하고 평화를 만들기 위해 노력하는, 예수님 닮은 신앙인이 되게 하여 주시옵소서.

배우자를 위해서도 기도합니다. 내가 평생 함께할 배우자가 평화를 사랑하고, 적극적으로 평화를 만들기 위해 노력하는 신앙인이 될 수 있게 하여 주세요.

평화의 왕, 예수님의 이름으로 간절히 기도 드립니다. 아멘.

my prayer

_____

_____

_____

038
인내하는 사람이
되기를 기도합니다

인내를 온전히 이루라 이는 너희로 온전하고 구비하
여 조금도 부족함이 없게 하려 함이라 | 약 1:4 |

오래 참으시는 하나님!

모든 감사와 찬양, 존귀와 영광을 하나님께
올려 드립니다.

인내할 수 있는 사람이 되기를 기도합니다.
상대방이 내가 원하는 대로 변화되지 않아
도, 상대방이 내 기대치에 따라오지 못해도
차분히 기다릴 수 있는 인내를 허락하여 주
세요. 부정적인 감정이 올라올 때 참아 낼 수
있는 인내를 허락하여 주세요.

배우자를 위해서도 기도합니다. 내가 평생
함께할 배우자가 조급하지 않고 상대방을
기다려 주는 인내의 사람이 될 수 있게 해 주
세요. 부정적인 감정을 잘 통제하는 인내의
사람이 될 수 있게 하여 주세요.

인내의 모델을 보여 주신 예수님의 이름으
로 간절히 기도드립니다. 아멘.

my prayer

_____

_____

_____

039

용서하는 신앙인이 되게
해 주세요

너희가 사람의 잘못을 용서하면 너희 하늘 아버지께
서도 너희 잘못을 용서하시려니와 너희가 사람의 잘
못을 용서하지 아니하면 너희 아버지께서도 너희 잘
못을 용서하지 아니하시리라 |마 6:14-15|

우리의 모든 잘못을 용서하시는 하나님!

모든 감사와 찬양, 존귀와 영광을 하나님께 올려 드립니다.

용서할 수 있는 신앙인이 되기를 기도합니다. 상대방이 나에게 잘못했을 때 미움의 감정을 품고 사는 것이 아니라 용서할 수 있는 마음을 허락하여 주세요. 예수님이 십자가에서 돌아가심으로 말미암아 나의 모든 죄를 씻어 주셨음을 생각하며 용서를 실천할 수 있게 해 주세요.

배우자를 위해서도 기도합니다. 내가 평생 함께할 배우자가 마음속에 미움을 품지 않게 하시고, 하나님이 기뻐하시는 용서를 적극적으로 실천하는 마음이 넓은 사람이 될 수 있게 하여 주세요.

십자가에서 모든 것을 쏟아 내심으로 참된 용서를 실천하신 예수님의 이름으로 간절히 기도드립니다. 아멘.

my prayer

_____

_____

_____

040

어디서나 빛과 소금으로
살기 원합니다

너희는 세상의 소금이니 소금이 만일 그 맛을 잃으면
무엇으로 짜게 하리요 후에는 아무 쓸데없어 다만 밖
에 버려져 사람에게 밟힐 뿐이니라

너희는 세상의 빛이라 산 위에 있는 동네가 숨겨지지
못할 것이요 사람이 등불을 켜서 말 아래에 두지 아
니하고 등경 위에 두나니 이러므로 집 안 모든 사람
에게 비치느니라

이같이 너희 빛이 사람 앞에 비치게 하여 그들로 너
희 착한 행실을 보고 하늘에 계신 너희 아버지께 영
광을 돌리게 하라 | 마 5:13-16 |

참 빛이신 하나님!

모든 감사와 찬양, 존귀와 영광을 하나님께 올려 드립니다.

예수님은 우리를 세상의 빛으로, 세상의 소금으로 부르셨습니다. 내가 가정 안에서 빛과 소금으로, 회사나 학교 안에서 빛과 소금으로 살아갈 수 있도록 인도하여 주세요. 이기주의가 가득한 사회 안에서 착하게 살아갈 수 있도록 인도하여 주세요. 이러한 삶을 통해 오직 하나님께만 영광 돌리며 살아갈 수 있게 하여 주시옵소서.

배우자를 위해서도 기도합니다. 내가 평생 함께할 배우자가 세상 안에서 빛과 소금으로 살아가게 해 주시고, 마음과 행동이 착한 사람이 될 수 있게 하여 주세요.

빛과 소금의 삶을 살아갈 수 있도록 도와주시는 예수님의 이름으로 간절히 기도드립니다. 아멘.

my prayer

_____

_____

_____

041
하나님의 충성된 일꾼
삼아 주세요

충성된 사자는 그를 보낸 이에게 마치 추수하는 날에
얼음냉수 같아서 능히 그 주인의 마음을 시원하게 하
느니라 | 잠 25:13 |

충성된 사자를 찾으시는 하나님!

모든 감사와 찬양, 존귀와 영광을 하나님께 올려 드립니다.

하나님은 충성된 일꾼을 찾으십니다. 내가 그 사람이 되기를 소망합니다. 하나님의 마음을 시원하게 해 드리는 신실한 신앙인이 되게 하여 주시옵소서. 충성된 하나님의 사람들이 줄어 가고 있는 안타까운 시대적 상황 가운데 다니엘과 같이 오직 하나님께만 충성을 다하는 하나님의 사람이 되게 하여 주시옵소서.

배우자를 위해서도 기도합니다. 내가 평생 함께할 배우자가 하나님 앞에 충성을 다하는 신실한 신앙인이 될 수 있게 하여 주세요.

충성하는 자에게 복을 내려 주시는 예수님의 이름으로 간절히 기도드립니다. 아멘.

my prayer

_____

_____

_____

042

작은 일에도
최선을 다하기를!

그 주인이 이르되 잘하였도다 착하고 충성된 종아 네
가 적은 일에 충성하였으매 내가 많은 것을 네게 맡
기리니 네 주인의 즐거움에 참여할지어다 하고
| 마 25:21 |

맡은 일에 최선을 다하기 원하시는 하나님!

모든 감사와 찬양, 존귀와 영광을 하나님께 올려 드립니다.

하나님은 맡겨진 일에 땀 흘리며 최선을 다하는 신앙인을 원하십니다. 비록 작은 일이라도 열심히 하는 사람을 찾으십니다. 내가 그런 사람이 되기를 원합니다. 다른 사람이 보든지 안 보든지, 다른 사람이 인정해 주든지 안 해 주든지 신경 쓰지 않고 맡겨진 일에 최선을 다하는 사람이 되게 해주세요.

배우자를 위해서도 기도합니다. 내가 평생 함께할 배우자가 자신에게 맡겨진 일에 우직하게 최선을 다하는 사람이 될 수 있게 하여 주세요.

최선을 다하는 자에게 큰일을 맡겨 주시는 예수님의 이름으로 간절히 기도드립니다. 아멘.

my prayer

_____

_____

_____

043

변함없이 성실한
신앙인이 되고 싶어요

여호와는 선하시니 그의 인자하심이 영원하고 그의
성실하심이 대대에 이르리로다 | 시 100:5 |

성실하신 하나님!

모든 감사와 찬양, 존귀와 영광을 하나님께 올려 드립니다.

하나님은 변함없이 일관되게 우리의 삶을 인도하시는 성실한 분이십니다. 성경에서 계시하는 하나님의 모습을 본받아 나도 성실한 사람이 되게 하여 주세요. 일관되게 열심히 사는 사람이 되게 하여 주세요. 내 감정에 따라 성실함이 왔다 갔다 하는 것이 아니라 변함없이 성실함이 드러나는 사람이 되게 하여 주세요. 성실함이 나의 인격이 될 수 있도록 인도하여 주세요.

배우자를 위해서도 기도합니다. 내가 평생 함께할 배우자가 항상 변함없이 일관되게 열심히 살아가는 진실한 사람이 되게 하여 주세요.

성실로 우리의 삶을 인도하시는 예수님의 이름으로 간절히 기도드립니다. 아멘.

my prayer

_____

_____

_____

044
서로에게 끝까지
성실하기를 원합니다

네 샘으로 복되게 하라 네가 젊어서 취한 아내를 즐
거워하라 | 잠 5:18 |

관계의 성실함을 원하시는 하나님!

모든 감사와 찬양, 존귀와 영광을 하나님께
올려 드립니다.

하나님이 만나게 하신 배우자에게 성실하
기를 원합니다. 하나님이 짝지어 주신 배
우자를 사랑하고, 그 배우자에게 충성을 다
하기를 원합니다. 배우자와의 관계 안에 진
실함이 있게 하시고, 관계의 성실함을 지켜
가는 가운데 날이 갈수록 신뢰가 깊어질 수
있도록 복 내려 주시옵소서.

배우자를 위해서도 기도합니다. 내가 평생
함께할 배우자가 나를 깊이 있게 사랑하게
하시고, 관계의 성실함을 끝까지 지켜 나가
는 믿음직한 사람이 되게 하여 주세요.

성실하게 우리를 사랑하시는 예수님의 이
름으로 간절히 기도드립니다. 아멘.

my prayer

_____

_____

_____

045

온유하고, 친절하고,
겸손하고!

온유한 자는 복이 있나니 그들이 땅을 기업으로 받을
것임이요 | 마 5:5 |

온유한 자에게 복을 주시는 하나님!

모든 감사와 찬양, 존귀와 영광을 하나님께 올려 드립니다.

온유한 자가 되기를 간절히 소망합니다. 온유함은 내면의 겸손을 바탕으로 나오는 친절함입니다. 겸손한 마음을 가지고 다른 사람에게 친절한 모습을 보이는 온유함을 갖추게 하여 주세요. 누구를 만나든지 온유함을 실천할 수 있는 멋진 신앙인이 되게 하여 주시옵소서.

배우자를 위해서도 기도합니다. 내가 평생 함께할 배우자가 겸손한 마음을 가지고 살아가게 하시고, 그 겸손함을 바탕으로 외적인 친절함을 실천하며 살아가는 사람이 되게 하여 주세요.

온유함으로 우리를 품으시는 예수님의 이름으로 간절히 기도드립니다. 아멘.

my prayer

_____

_____

_____

046

하나님! 죄를 끊는 결단력을 주세요

이기기를 다투는 자마다 모든 일에 절제하나니 그들은 썩을 승리자의 관을 얻고자 하되 우리는 썩지 아니할 것을 얻고자 하노라 | 고전 9:25 |

죄를 미워하시는 하나님!

모든 감사와 찬양, 존귀와 영광을 하나님께
올려 드립니다.

절제하는 신앙인이 되기를 원합니다. 절제
는 나쁜 것을 끊어 내고 잘라 내는 것입니다.
나의 삶 속에서 잘못된 습관들을 끊어 낼 수
있는 의지를 허락하여 주시옵소서. 반복된
실수와 습관화된 일상의 죄를 잘라 낼 수 있
는 결단력을 허락하여 주시옵소서. 그럼으
로써 하나님 앞에 정결하게 살아가게 하시
고 승리하는 신앙인 되게 하여 주시옵소서.

배우자를 위해서도 기도합니다. 내가 평생
함께할 배우자가 나쁜 습관을 끊어 낼 수 있
는 지혜와 용기와 의지와 결단력이 있는 신
앙인이 될 수 있게 하여 주세요.

우리에게 승리를 주시는 예수님의 이름으
로 간절히 기도드립니다. 아멘.

my prayer

_____

_____

_____

047

정직한 노력과
정직한 결과를 기대합니다

스스로 속이지 말라 하나님은 업신여김을 받지 아니
하시나니 사람이 무엇으로 심든지 그대로 거두리라
| 갈 6:7 |

뿌린 대로 거두게 하시는 하나님!

모든 감사와 찬양, 존귀와 영광을 하나님께
올려 드립니다.

열심히 노력한 만큼의 결과를 원하는 정직
의 사람이 되기를 원합니다. 열심히 땀 흘린
만큼의 결과를 얻는 것이 진정한 복임을 깨
닫고, 정직한 노력과 정직한 결과를 기대하
는 신앙인이 되게 하여 주시옵소서.

배우자를 위해서도 기도합니다. 내가 평생
함께할 배우자가 요행을 바라지 않게 하시
고, 정직한 노력을 추구하고 노력한 만큼의
결과를 기대하는 정직한 사람이 될 수 있게
하여 주세요.

정직한 삶으로 우리를 인도해 주시는 예수
님의 이름으로 간절히 기도드립니다. 아멘.

my prayer

_____

_____

_____

048

주여! 거짓말했던 것을 회개합니다

너희는 너희 아비 마귀에게서 났으니 너희 아비의 욕
심대로 너희도 행하고자 하느니라 그는 처음부터 살
인한 자요 진리가 그 속에 없으므로 진리에 서지 못
하고 거짓을 말할 때마다 제 것으로 말하나니 이는
그가 거짓말쟁이요 거짓의 아비가 되었음이라

| 요 8:44 |

거짓을 미워하시는 하나님!

모든 감사와 찬양, 존귀와 영광을 하나님께 올려 드립니다.

하나님이 제일 싫어하시는 것은 거짓입니다. 마귀는 거짓말쟁이고 거짓의 아비라는 사실을 바로 알고, 거짓된 생각과 말과 행동을 버리게 하여 주세요. 그동안 하나님이 미워하시는 거짓의 죄를 지었던 것을 회개하오니 용서하여 주시옵소서.

배우자를 위해서도 기도합니다. 내가 평생 함께할 배우자가 거짓된 생각과 말과 행동을 버리는 진실한 사람이 될 수 있게 하여 주세요.

진리이신 예수님의 이름으로 간절히 기도 드립니다. 아멘.

my prayer

049
부지런하게, 힘차게
살아갈게요

게으른 자는 마음으로 원하여도 얻지 못하나 부지런
한 자의 마음은 풍족함을 얻느니라 |잠 13:4|

부지런한 삶을 원하시는 하나님!

모든 감사와 찬양, 존귀와 영광을 하나님께 올려 드립니다.

삶을 살아가는 가운데 게으름에 빠졌던 나의 모습을 돌아보며 회개합니다. 이제부터 하나님이 선물로 주신 시간을 낭비하지 않고 부지런한 삶을 살아가게 하여 주시옵소서. 게으른 습관에서 빠져나와 부지런한 모습으로 힘차게 살아가게 하여 주시옵소서.

배우자를 위해서도 기도합니다. 내가 평생 함께할 배우자가 게으르지 않게 하시고, 부지런한 삶의 모습을 가지고 살아가는 사람이 될 수 있게 하여 주세요.

부지런한 삶을 살도록 도와주시는 예수님의 이름으로 간절히 기도드립니다. 아멘.

my prayer

_____

_____

_____

050

좋은 리더가 되도록
도와주세요

우리는 구원받는 자들에게나 망하는 자들에게나 하
나님 앞에서 그리스도의 향기니 | 고후 2:15 |

우리의 완전한 리더 되시는 하나님!

모든 감사와 찬양, 존귀와 영광을 하나님께 올려 드립니다.

내가 주위 사람들에게 선한 영향을 주는 좋은 리더가 되기를 소망합니다. 예수님을 믿는 자들에게나 믿지 않는 자들에게나 예수 그리스도의 향기를 전해 주는 영적인 리더가 되기를 소망합니다. 먼저 희생하고 손해 볼 줄 아는 섬김의 리더가 되기를 원합니다.

배우자를 위해서도 기도합니다. 내가 평생 함께할 배우자가 주변 사람들에게 선한 영향을 주고, 그럼으로써 예수님의 향기를 드러내는 좋은 리더가 될 수 있게 하여 주세요.

참 리더의 본을 보여 주신 예수님의 이름으로 간절히 기도드립니다. 아멘.

my prayer

_____

_____

_____

051
전문성을 발휘해
인정받게 해 주세요

단 지파 아히사막의 아들 오홀리압이 그와 함께하였
으니 오홀리압은 재능이 있어서 조각하며 또 청색 자
색 홍색 실과 가는 베 실로 수놓은 자더라 | 출 38:23 |

우리에게 재능을 주시는 하나님!

모든 감사와 찬양, 존귀와 영광을 하나님께 올려 드립니다.

하나님은 우리 각자에게 다른 재능을 주셨습니다. 하나님이 나에게 주신 재능을 잘 활용하고, 나의 전문성을 더 개발해서 일터 가운데서 인정받는 사람이 되게 하여 주세요. 나의 재능과 전문성을 잘 발휘할 수 있는 일을 해 나갈 수 있게 하여 주세요.

배우자를 위해서도 기도합니다. 내가 평생 함께할 배우자가 자신이 하나님으로부터 받은 재능과 전문성을 잘 발휘해서 열심히 일하게 하시고, 사회에서 인정받는 사람이 될 수 있게 하여 주세요.

모든 능력을 가지신 예수님의 이름으로 간절히 기도드립니다. 아멘.

my prayer

_____
_____
_____

052

목표를 향해
열심히 달려갑니다

그러므로 나는 달음질하기를 향방 없는 것같이 아니
하고 싸우기를 허공을 치는 것같이 아니하며
| 고전 9:26 |

우리가 바른 방향으로 나아가기를 원하시는 하나님!

모든 감사와 찬양, 존귀와 영광을 하나님께 올려 드립니다.

일을 할 때 바른 방향으로 갈 수 있는 지혜, 목표를 세우고 목표대로 나아갈 수 있는 의지, 목표를 수행할 수 있는 능력을 허락해 주시기를 소망합니다.

배우자를 위해서도 기도합니다. 내가 평생 함께할 배우자가 바른 목표를 세울 수 있는 사람이기를 소망합니다. 목표를 이루기 위해 최선의 노력을 다하는 사람이기를 원합니다. 목표를 성취할 수 있는 능력이 있는 사람이기를 기도합니다.

목표를 이룰 수 있도록 도와주시는 예수님의 이름으로 간절히 기도드립니다. 아멘.

my prayer

_____

_____

_____

053

책임감이 투철한 사람이
되고 싶어요

오늘까지 날이 오래도록 너희가 너희 형제를 떠나지
아니하고 오직 너희의 하나님 여호와께서 명령하신
그 책임을 지키도다 | 수 22:3 |

우리의 인생을 책임져 주시는 하나님!

모든 감사와 찬양, 존귀와 영광을 하나님께
올려 드립니다.

하나님은 매사에 책임감을 가지고 사는 사
람을 찾으십니다. 내가 하나님 마음에 드는
사람이 되기를 원합니다. 나의 삶에 책임을
질 수 있는 사람이 되게 하여 주시옵소서. 내
가 맡은 일을 책임을 다해 감당하고, 내가 한
말과 행동에 책임을 질 수 있는 책임감 있는
사람이 되게 하여 주시옵소서.

배우자를 위해서도 기도합니다. 내가 평생
함께할 배우자가 책임감이 투철한 사람이
되어서 자신의 삶에 책임을 지는 듬직한 사
람이 될 수 있게 해 주세요.

우리와 언제나 동행하시는 예수님의 이름
으로 간절히 기도드립니다. 아멘.

my prayer

_____

_____

_____

054
넘어져도 거뜬히
일어나게 해 주세요

대저 의인은 일곱 번 넘어질지라도 다시 일어나려니
와 악인은 재앙으로 말미암아 엎드러지느니라
| 잠 24:16 |

다시 일어날 힘을 주시는 하나님!

모든 감사와 찬양, 존귀와 영광을 하나님께
올려 드립니다.

인생을 살다 보면 여러 가지 실패를 경험할
때가 있습니다. 실패를 경험할 때 낙심하거
나 주저하거나 포기하지 않고, 다시 일어설
수 있는 용기와 힘과 지혜를 허락하여 주시
옵소서. 실패가 성공으로 가는 과정이 되게
하여 주시옵소서.

배우자를 위해서도 기도합니다. 내가 평생
함께할 배우자가 실패를 두려워하지 않고,
실패를 극복하는 의지를 가진 사람이 될 수
있게 해 주세요.

날마다 우리에게 새 힘을 더해 주시는 예수
님의 이름으로 간절히 기도드립니다. 아멘.

my prayer

_____

_____

_____

055

바르고 공정한
판단력을 주세요

외모로 판단하지 말고 공의롭게 판단하라 하시니라
| 요 7:24 |

공의롭게 판단하시는 하나님!

모든 감사와 찬양, 존귀와 영광을 하나님께
올려 드립니다.

바른 판단력을 가지고 세상을 살아가기를
소망합니다. 겉만 보고 판단하지 않게 하시
고, 중심을 보고 판단할 수 있는 지혜를 허락
해 주세요. 현재 상황을 객관적으로 판단할
수 있는 능력과 공정하게 판단할 수 있는 힘
을 더해 주세요.

배우자를 위해서도 기도합니다. 내가 평생
함께할 배우자가 올바른 판단력을 가지고
세상을 살아가는 지혜로운 사람이 될 수 있
게 해 주세요.

의로운 삶으로 우리를 인도해 주시는 예수
님의 이름으로 간절히 기도드립니다. 아멘.

my prayer

_____

_____

_____

056
옳고 그름을 제대로
분별하기 원합니다

너희로 지극히 선한 것을 분별하며 또 진실하여 허물
없이 그리스도의 날까지 이르고 |빌 1:10|

분별의 지혜를 주시는 하나님!

모든 감사와 찬양, 존귀와 영광을 하나님께
올려 드립니다.

세상을 살아가는 가운데 무엇이 옳은지, 무
엇이 그른지를 분별할 수 있는 지혜를 허락
하여 주시옵소서. 신앙생활을 하는 가운데
옳은 것을 분별해서 따르며, 바른길을 갈 수
있는 능력을 더하여 주시옵소서.

배우자를 위해서도 기도합니다. 내가 평생
함께할 배우자가 옳고 그름을 제대로 분별
하는 지혜와 능력이 있는 사람이 될 수 있게
해 주세요.

바른길로 우리를 인도해 주시는 예수님의
이름으로 간절히 기도드립니다. 아멘.

my prayer

_____

_____

_____

057

말씀을 기준 삼기로 결단합니다

다니엘은 뜻을 정하여 왕의 음식과 그가 마시는 포도
주로 자기를 더럽히지 아니하리라 하고 자기를 더럽
히지 아니하도록 환관장에게 구하니 |단 1:8|

바른 결단을 하기 원하시는 하나님!

모든 감사와 찬양, 존귀와 영광을 하나님께 올려 드립니다.

인생의 시간을 살아가는 동안에 중요한 결단을 해야 할 때가 있습니다. 그때마다 신앙적인 기준을 가지고 결단할 수 있는 힘을 주시옵소서. 우유부단하지 않고 결정할 수 있는 용기를 주시옵소서. 다니엘과 같이 하나님의 말씀이라는 기준을 가지고 뜻을 정할 수 있는 결단력을 허락하여 주시옵소서.

배우자를 위해서도 기도합니다. 내가 평생 함께할 배우자가 중요한 순간에 신앙적인 기준을 가지고 결정하는, 결단력 있는 사람이 될 수 있게 해 주세요.

우리를 구원하기로 결단하신 예수님의 이름으로 간절히 기도드립니다. 아멘.

my prayer

_____

_____

_____

058
열정적으로, 뜨겁게
살고 싶어요

그날에 여호와께서 말씀하신 이 산지를 지금 내게 주
소서 당신도 그날에 들으셨거니와 그곳에는 아낙 사
람이 있고 그 성읍들은 크고 견고할지라도 여호와께
서 나와 함께하시면 내가 여호와께서 말씀하신 대로
그들을 쫓아내리이다 하니 | 수 14:12 |

열정적으로 우리의 삶을 이끄시는 하나님!

모든 감사와 찬양, 존귀와 영광을 하나님께 올려 드립니다.

인생의 시간이 지남에 따라, 나이가 들어 감에 따라 삶에 대한 열정이 식어 가지 않게 하시고, 항상 열정적으로 삶을 살아갈 수 있도록 인도하여 주세요. 갈렙은 85세 때에도 삶에 대한 열정이 전혀 식지 않고 "이 산지를 지금 내게 주소서"라고 외쳤습니다. 갈렙의 열정을 나에게도 허락하여 주시옵소서.

배우자를 위해서도 기도합니다. 내가 평생 함께할 배우자가 꼭 해야 하는 일을 열정을 다해서 하며, 삶에 대한 열정을 가지고 인생을 살아가는 사람이 될 수 있게 해 주세요.

우리의 삶에 열정을 불어넣어 주시는 예수님의 이름으로 간절히 기도드립니다. 아멘.

my prayer

_____

_____

_____

059

바른 일을 할 때
추진력을 주세요

성벽 역사가 오십이 일 만인 엘룰월 이십오일에 끝나
매 우리의 모든 대적과 주위에 있는 이방 족속들이
이를 듣고 다 두려워하여 크게 낙담하였으니 그들이
우리 하나님께서 이 역사를 이루신 것을 앎이니라
| 느 6:15-16 |

우리 삶을 이끄시는 하나님!

모든 감사와 찬양, 존귀와 영광을 하나님께 올려 드립니다.

일을 이끌고 나갈 수 있는 추진력이 나에게 있기를 소망합니다. 느헤미야가 온갖 주변의 방해에도 52일 만에 성벽을 재건했던 것처럼 바른 일, 꼭 해야 하는 일을 추진해 갈 수 있는 능력을 허락하여 주시옵소서.

배우자를 위해서도 기도합니다. 내가 평생 함께할 배우자가 반드시 해야 하는 일에 있어서는 이끌고 나가는 추진력 있는 사람이 될 수 있게 해 주세요.

놀라운 역사를 만드시는 예수님의 이름으로 간절히 기도드립니다. 아멘.

my prayer

_____

_____

_____

060
궂은일, 힘든 일도
내가 먼저!

베는 자를 거느린 사환이 대답하여 이르되 이는 나오
미와 함께 모압 지방에서 돌아온 모압 소녀인데 그의
말이 나로 베는 자를 따라 단 사이에서 이삭을 줍게
하소서 하였고 아침부터 와서는 잠시 집에서 쉰 외에
지금까지 계속하는 중이니이다 | 룻 2:6-7 |

먼저 앞장서 주시는 하나님!

모든 감사와 찬양, 존귀와 영광을 하나님께
올려 드립니다.

궂은일, 어려운 일, 하기 싫은 일을 먼저 하
는 솔선수범의 미덕을 갖춘 사람이 되기를
소망합니다. 솔선수범을 삶 속에서 실천할
수 있는 실천력을 허락하여 주시기를 원합
니다. 룻은 남의 밭에 가서 떨어진 이삭을 줍
는 험한 일도 최선을 다해서 했습니다. 룻의
모습을 본받을 수 있도록 인도하여 주세요.

배우자를 위해서도 기도합니다. 내가 평생
함께할 배우자가 힘든 일도 먼저 뛰어들어
하는, 솔선수범이 습관이 되어 있는 사람이
될 수 있게 하여 주세요.

가장 힘든 십자가의 길을 걸으신 예수님의
이름으로 간절히 기도드립니다. 아멘.

my prayer

_____

_____

_____

061
창의적인 능력을
선물해 주세요

튼튼한 양이 새끼 밸 때에는 야곱이 개천에다가 양
떼의 눈앞에 그 가지를 두어 양이 그 가지 곁에서 새
끼를 배게 하고 약한 양이면 그 가지를 두지 아니하
니 그렇게 함으로 약한 것은 라반의 것이 되고 튼튼
한 것은 야곱의 것이 된지라 |창 30:41-42|

온 세상을 만드신 창조주 하나님!

모든 감사와 찬양, 존귀와 영광을 하나님께 올려 드립니다.

변화를 두려워하지 않고 창의적인 생각을 할 수 있는 사람이 되기를 원합니다. 창의력은 현실 안에서 실현 가능한 상상력입니다. 내가 창의력을 가지고 맡겨진 일을 하고, 하나님이 기뻐하시는 일을 하면서 의미 있는 삶을 살아가기를 소망합니다.

배우자를 위해서도 기도합니다. 내가 평생 함께할 배우자가 창의적인 능력을 가지고 일을 하고 세상을 살아가는 사람이 될 수 있게 하여 주세요.

창의력의 원천이신 예수님의 이름으로 간절히 기도드립니다. 아멘.

my prayer

_____

_____

_____

062

정확하게, 꼼꼼하게
일하게 해 주세요

너는 이 율법의 모든 말씀을 그 돌들 위에 분명하고
정확하게 기록할지니라 | 신 27:8 |

한 치의 오차도 없이 우리의 삶을 인도하시는 하나님!

모든 감사와 찬양, 존귀와 영광을 하나님께 올려 드립니다.

오류나 실수 없이 일을 해 나가는 능력인 정확성을 갖추기를 소망합니다. 일을 할 때, 삶을 살아갈 때 덜렁대거나 덤벙대지 않게 하시고, 실수하지 않을 수 있는 능력을 허락하여 주시옵소서. 일터에서 오류나 실수 없이 꼼꼼하게 일함으로 인정받는 사람이 되게 하여 주세요.

배우자를 위해서도 기도합니다. 내가 평생 함께할 배우자가 신중함을 가지고 삶을 살아가고, 정확성을 가지고 꼼꼼하게 일을 하는 사람이 될 수 있게 하여 주세요.

실수하지 않으시는 예수님의 이름으로 간절히 기도드립니다. 아멘.

my prayer

_____

_____

_____

063

몸이 건강하기를
소망합니다

사랑하는 자여 네 영혼이 잘됨같이 네가 범사에 잘되
고 강건하기를 내가 간구하노라 | 요삼 1:2 |

우리가 강건하기를 원하시는 하나님!

모든 감사와 찬양, 존귀와 영광을 하나님께
올려 드립니다.

건강한 사람이 되기를 소망합니다. 육체의
건강을 잃으면 아무것도 할 수가 없습니다.
내 몸이 건강할 수 있도록 성령님이 지켜 주
시옵소서. 건강한 습관을 가지는 실천을 할
수 있도록 강한 의지를 허락해 주시옵소서.
규칙적인 생활을 할 수 있는 의지가 있기를
원합니다. 건강을 해치는 몸에 안 좋은 음식
을 멀리하고, 매일 꾸준한 운동을 할 수 있는
의지가 있기를 원합니다.

배우자를 위해서도 기도합니다. 내가 평생
함께할 배우자가 육체적으로 건강하게 해
주시고, 건강을 유지하기 위해 자기 관리를
잘하는 사람이 될 수 있게 하여 주세요.

건강의 복을 주시는 예수님의 이름으로 간
절히 기도드립니다. 아멘.

my prayer

_____

_____

_____

064

마음이 건강하기를
소망합니다

너희는 너희가 하나님의 성전인 것과 하나님의 성령
이 너희 안에 계시는 것을 알지 못하느냐 | 고전 3:16 |

우리 안에서 역사하시는 하나님!

모든 감사와 찬양, 존귀와 영광을 하나님께
올려 드립니다.

나의 마음이 건강할 수 있기를 소망하며 기
도합니다. 내 내면 안에 분노가 자리 잡지 않
도록 내 마음을 지켜 주시옵소서. 내 감정 안
에 우울이 자리 잡지 않도록 내 마음을 지켜
주시옵소서. 감정의 기복이 심하지 않도록
내 마음을 지켜 주시옵소서.

배우자를 위해서도 기도합니다. 내가 평생
함께할 배우자가 마음의 평안함을 유지하
는 사람이 될 수 있게 해 주시고, 분노와 우
울의 문제를 지혜롭게 잘 관리하는 사람이
될 수 있게 해 주세요.

우리의 마음을 평안하게 지켜 주시는 예수
님의 이름으로 간절히 기도드립니다. 아멘.

my prayer

_____

_____

_____

065

치유의 하나님,
나를 치유해 주세요

그런즉 누구든지 그리스도 안에 있으면 새로운 피조
물이라 이전 것은 지나갔으니 보라 새것이 되었도다
| 고후 5:17 |

새로운 미래를 약속하시는 하나님!

모든 감사와 찬양, 존귀와 영광을 하나님께
올려 드립니다.

인생을 살다 보면 여러 가지 이유로 마음에
상처를 입게 됩니다. 그 상처가 쓴 뿌리가 되
어서 많은 사람을 힘들게 합니다. 계속 과거
를 보게 하고, 앞으로 나아가지 못하도록 발
목을 잡는 경우도 많습니다. 치유하시는 하
나님! 내 마음의 상처를 치유해 주시고, 미
래를 향해 소망을 가지고 달려갈 수 있도록
나의 삶을 인도하여 주시옵소서.

배우자를 위해서도 기도합니다. 내가 평생
함께할 배우자의 상처도 잘 치유하고 회복
시켜 주시고, 과거에 얽매여 있지 않고 미래
지향적인 사람이 될 수 있게 해 주세요.

우리를 새로운 존재로 변화시켜 주시는 예수
님의 이름으로 간절히 기도드립니다. 아멘.

my prayer

_____

_____

_____

066

긍정성이 삶에 넘치기를 간구합니다

우리 곧 나와 실루아노와 디모데로 말미암아 너희 가운데 전파된 하나님의 아들 예수 그리스도는 예 하고 아니라 함이 되지 아니하셨으니 그에게는 예만 되었느니라 | 고후 1:19 |

긍정의 하나님!

모든 감사와 찬양, 존귀와 영광을 하나님께 올려 드립니다.

하나님은 모든 능력이 있는 분이십니다. 그 하나님을 믿는 믿음에서 나오는 긍정성이 내 삶에 충만하기를 원합니다. 부정적인 마음과 태도와 시각을 버리게 하시고, 긍정적인 마음과 태도와 시각을 가지고 인생을 살아가게 하여 주세요.

배우자를 위해서도 기도합니다. 내가 평생 함께할 배우자가 부정적인 사람이 되지 않게 하시고, 매사에 긍정적인 모습을 가지고 진취적으로 살아가는 사람이 될 수 있게 해 주세요.

긍정적인 마음을 불어넣어 주시는 예수님의 이름으로 간절히 기도드립니다. 아멘.

my prayer

_____

_____

_____

067

더 성장, 더 성숙하게
해 주세요

너희를 불러 그의 아들 예수 그리스도 우리 주와 더불
어 교제하게 하시는 하나님은 미쁘시도다 | 고전 1:9 |

만남의 주관자 되시는 하나님!

모든 감사와 찬양, 존귀와 영광을 하나님께 올려 드립니다.

결혼을 하기 위해서는 상대방을 만나서 교제하게 됩니다. 교제하는 과정 가운데 하나님이 함께하여 주시고, 교제를 하면서 나 자신이 누구인지를 더 정확히 알아 가기를 원합니다.

상대방과의 관계 속에서 나 자신의 장점과 단점을 객관적으로 보게 하시고 더 나은 사람이 되기 위해 노력하게 하여 주시옵소서. 또한 상대방을 이해하는 노력을 하는 가운데 나 자신이 더 성장하고 성숙하는 계기가 될 수 있도록 인도하여 주시옵소서.

우리와 친밀하게 교제하시는 예수님의 이름으로 간절히 기도드립니다. 아멘.

my prayer

_____

_____

_____

PART 3.

하나님이 기뻐하시는
결혼 준비를 하고,
결혼생활을 하기 원합니다!

068

하나님 앞에서
교제하기 원합니다

남편들아 이와 같이 지식을 따라 너희 아내와 동거하
고 그를 더 연약한 그릇이요 또 생명의 은혜를 함께
이어받을 자로 알아 귀히 여기라 이는 너희 기도가
막히지 아니하게 하려 함이라 | 벧전 3:7 |

거룩한 삶을 원하시는 하나님!

모든 감사와 찬양, 존귀와 영광을 하나님께
올려 드립니다.

교제하는 가운데 상대방을 도자기 다루듯
이 귀하게 대할 수 있게 하여 주시옵소서. 이
시대는 세속주의와 쾌락주의가 가득합니
다. 이러한 상황 가운데서 믿지 않는 자들과
똑같은 문화 속에 교제하는 것이 아니라 거
룩함을 가지고 지킬 것은 지키는, 하나님이
기뻐하시는 교제가 이루어질 수 있도록 인
도하여 주시옵소서.

교제하는 가운데 하나님이 보고 계신다는
사실을 믿으며 신앙 안에서 아름다운 교제
가 이루어질 수 있도록 보살펴 주시옵소서.

우리를 지켜보시는 예수님의 이름으로 간
절히 기도드립니다. 아멘.

my prayer
_____

_____

_____

069

내 배우자가 맞다는
확신을 주세요

그리스도 예수의 종인 너희에게서 온 에바브라가 너
희에게 문안하느니라 그가 항상 너희를 위하여 애써
기도하여 너희로 하나님의 모든 뜻 가운데서 완전하
고 확신 있게 서기를 구하나니 | 골 4:12 |

우리 마음속에 확신을 주시는 하나님!

모든 감사와 찬양, 존귀와 영광을 하나님께
올려 드립니다.

결혼을 하기 위해서는 만나고 교제하는 사
람이 바로 내 배우자라는 확신이 있어야 합
니다. 하나님이 주시는 마음의 확신이 있어
야 결혼을 결정할 수 있지, '이 사람이 내 배
우자가 맞을까?'라는 생각이 계속 들면 결
혼을 결정할 수 없습니다.

정말 나의 배우자가 될 사람이라면 강력한
확신을 주시옵소서. 기도하는 가운데 그 확
신을 주시고, 하나님이 주시는 확신 가운데
결혼 준비가 시작될 수 있도록 인도하여 주
시옵소서.

하나님의 뜻대로 우리의 삶을 인도하시는
예수님의 이름으로 간절히 기도드립니다.
아멘.

my prayer

_____

_____

_____

070
거룩한 프러포즈가
되도록 도와주세요

내 사랑 너는 어여쁘고도 어여쁘다 너울 속에 있는
네 눈이 비둘기 같고 네 머리털은 길르앗 산 기슭에
누운 염소 떼 같구나 |아 4:1|

사랑의 열매를 맺게 하시는 하나님!

모든 감사와 찬양, 존귀와 영광을 하나님께
올려 드립니다.

하나님이 내 마음에 '교제하는 사람이 바로
내 배우자'라는 확신을 주시면, 교제하는
사람에게 결혼을 청하는 프러포즈를 하게
됩니다. 프러포즈의 과정이 순탄하게 하시
고, 아름답게 하시고, 감동이 있게 하시고,
서로의 사랑을 확신하는 귀한 시간이 될 수
있게 하여 주시옵소서.

그리고 프러포즈 하는 과정 가운데 하나님
이 함께하신다는 사실을 분명히 믿고, 그 과
정이 거룩한 순간이 될 수 있도록 인도하여
주시옵소서.

감동으로 우리의 삶을 이끄시는 예수님의
이름으로 간절히 기도드립니다. 아멘.

my prayer

_____

_____

_____

071

때마다 공급해 주실
주님을 믿습니다

돈을 사랑하지 말고 있는 바를 족한 줄로 알라 그가
친히 말씀하시기를 내가 결코 너희를 버리지 아니하
고 너희를 떠나지 아니하리라 하셨느니라 | 히 13:5 |

우리의 필요를 채워 주시는 하나님!

모든 감사와 찬양, 존귀와 영광을 하나님께
올려 드립니다.

결혼을 생각하면 바로 돈이 떠오릅니다. 우
리나라의 현실에서 돈이 있어야 집도 구할
수 있고, 결혼 준비도 할 수 있다고 생각하
기 때문입니다. 그래서 돈에 내 마음이 가있
고, 돈에 대한 욕심을 가지게 됩니다.

우리의 필요를 때마다 공급해 주시는 하나
님을 굳게 믿게 하시고, 지금 나에게 있는 것
을 감사함으로 받아들이는 자족의 마음을
허락해 주세요.

영원히 우리와 함께하시는 예수님의 이름
으로 간절히 기도드립니다. 아멘.

my prayer

_____

_____

_____

072

전능하신 주여!
걱정 다 맡겨 드립니다

아무것도 염려하지 말고 다만 모든 일에 기도와 간구
로, 너희 구할 것을 감사함으로 하나님께 아뢰라 그
리하면 모든 지각에 뛰어난 하나님의 평강이 그리스
도 예수 안에서 너희 마음과 생각을 지키시리라

| 빌 4:6-7 |

걱정과 염려가 아닌 기도하기를 원하시는
하나님!

모든 감사와 찬양, 존귀와 영광을 하나님께
올려 드립니다.

결혼을 생각하면 걱정과 염려가 많이 됩니
다. 결혼하기 위해 필요한 준비를 잘할 수 있
을지, 결혼을 위한 준비 과정이 형통할 수 있
을지, 결혼을 준비하는 과정 가운데 배우자
와 마음과 생각이 잘 맞을지 등등의 걱정과
염려가 내 머릿속에 자리 잡게 됩니다.

전능하신 하나님! 걱정과 염려할 거리가 있
는데도 걱정과 염려를 하지 않는 것이 믿음
임을 기억하면서 매 순간 하나님께 기도하
는 삶을 살게 하여 주세요. 기도하는 삶을 통
해 예수님이 나의 마음과 생각을 평안하게
지켜 주시는 것을 경험하게 하여 주세요.

우리를 항상 지켜 주시는 예수님의 이름으
로 간절히 기도드립니다. 아멘.

my prayer

_____

_____

_____

073
믿음의 가정으로
세워 주세요

너희는 믿지 않는 자와 멍에를 함께 메지 말라 의와
불법이 어찌 함께하며 빛과 어둠이 어찌 사귀며
| 고후 6:14 |

믿음의 가정을 세워 가기 원하시는 하나님!

모든 감사와 찬양, 존귀와 영광을 하나님께 올려 드립니다.

하나님은 하나님을 믿는 자와 만나기를 원하십니다. 배우자가 하나님을 온전히 믿는 자이기를 원하고, 배우자의 가족도 하나님을 잘 섬기는 분들이기를 원합니다. 그럼으로써 믿음의 가정을 순탄하게, 아름답게 세워 갈 수 있도록 은혜 내려 주시옵소서.

혹 배우자나 배우자 가족의 신앙이 약할 때는 내가 신앙의 모범을 보이고 복음의 영향력을 발휘함으로 말미암아 배우자를 포함한 배우자 가족 모두 신실한 믿음의 사람들이 될 수 있도록 도와주시옵소서.

하나님을 믿는 자답게 살아갈 수 있도록 힘을 주시는 예수님의 이름으로 간절히 기도 드립니다. 아멘.

my prayer

_____

_____

_____

074

가족 모두 하나님의 가치로 살아가기를!

이는 세상에 있는 모든 것이 육신의 정욕과 안목의
정욕과 이생의 자랑이니 다 아버지께로부터 온 것이
아니요 세상으로부터 온 것이라 | 요일 2:16 |

바른 가치를 가지고 살기 원하시는 하나님!

모든 감사와 찬양, 존귀와 영광을 하나님께
올려 드립니다.

배우자의 가족을 위해 기도합니다. 배우자
의 가족이 세속적인 가치로 살아가는 가족
이 아닌, 하나님의 가치로 살아가는 가족이
기를 원합니다. 물질주의, 쾌락주의, 성공주
의 등 세속적인 가치가 아니라, 하나님 사랑
과 이웃 사랑을 실천하며 하나님의 가치로
살아가는 가족이기를 소망합니다.

결혼은 가족과 가족 간의 만남인데, 양가 가
족이 하나님의 가치를 공유하며, 하나님 안
에서 교제하는 가운데 아름다운 연합이 일
어날 수 있도록 인도하여 주세요.

우리의 삶에 중요한 것이 무엇인지를 알려
주시는 예수님의 이름으로 간절히 기도드
립니다. 아멘.

my prayer

_____

_____

_____

075

결혼 승낙 과정이
순탄하게 도와주세요

내가 그들에게 한 마음을 주고 그 속에 새 영을 주며
그 몸에서 돌 같은 마음을 제거하고 살처럼 부드러운
마음을 주어 | 겔 11:19 |

마음을 주관하시는 하나님!

모든 감사와 찬양, 존귀와 영광을 하나님께 올려 드립니다.

배우자와 결혼을 하기 위해서는 양가 부모님께 결혼 허락을 받아야 합니다. 결혼 허락을 받는 과정을 생각하면 긴장이 되기도 하고 걱정이 되기도 합니다. 배우자의 부모님이 나를 좋아하실지에 대한 염려가 들기도 합니다.

하나님이 사람의 마음을 주관하고 계시오니 양가 부모님께 결혼 승낙을 형통하게 잘 받을 수 있도록 인도하여 주시옵소서. 양가 부모님이 나와 배우자의 결혼을 기쁨으로 허락할 수 있도록 이끌어 주시옵소서.

형통의 길로 우리를 인도하시는 예수님의 이름으로 간절히 기도드립니다. 아멘.

my prayer

_____

_____

_____

076
평화로운 상견례 되기를 기도합니다

마음을 같이하여 같은 사랑을 가지고 뜻을 합하며 한
마음을 품어 아무 일에든지 다툼이나 허영으로 하지
말고 오직 겸손한 마음으로 각각 자기보다 남을 낮게
여기고 | 빌 2:2-3 |

우리의 삶의 발걸음을 인도하시는 하나님!

모든 감사와 찬양, 존귀와 영광을 하나님께 올려 드립니다.

결혼으로 가는 과정 가운데 필요한, 처음으로 양가 가족이 만나는 상견례를 위해서 기도드립니다. 사람에게 첫인상이 중요하듯이 첫 만남이 중요합니다. 양가 가족이 처음 만나서 서로 좋은 인상을 가질 수 있게 하시고, 대화가 잘 오고 갈 수 있게 하여 주시옵소서.

대화하는 가운데 서로를 알아 가고 이해하게 하시고, 상호 존중하는 가운데 평화로운 상견례가 진행될 수 있도록 보살펴 주시옵소서.

화평 가운데 일하시는 예수님의 이름으로 간절히 기도드립니다. 아멘.

my prayer

_____

_____

_____

077

결혼 준비 과정이
형통하기를 원합니다

모든 일을 원망과 시비가 없이 하라 | 빌 2:14 |

형통의 은혜를 선물로 주시는 하나님!

모든 감사와 찬양, 존귀와 영광을 하나님께
올려 드립니다.

결혼 준비 과정을 위해서 기도합니다. 결혼
준비 과정이 형통하고 순탄하기를 소망합
니다. 함께 살 집을 구하는 상황에도, 혼수
장만을 하는 상황에도, 웨딩 사진을 찍는 상
황에도 하나님이 함께하여 주셔서 원망과
시비가 없이 형통할 수 있도록 인도하여 주
시옵소서.

양가 부모님의 마음이 하나가 되게 하시고,
평안한 가운데 결혼 준비를 아름답게 해 나
갈 수 있도록 복 내려 주시옵소서.

진정한 평화의 역사를 이루시는 예수님의
이름으로 간절히 기도드립니다. 아멘.

my prayer

_____

_____

_____

078

하나님 마음에 합한
결혼 예식이 되기를!

나의 사랑하는 자가 내게 말하여 이르기를 나의 사
랑, 내 어여쁜 자야 일어나서 함께 가자 | 아 2:10 |

사랑의 완성을 보여 주시는 하나님!

모든 감사와 찬양, 존귀와 영광을 하나님께 올려 드립니다.

결혼 예식 당일을 위해서 기도합니다. 결혼 예식 분위기가 거룩하고 진지하고 엄숙하면서도 따뜻하고 행복하고 즐겁기를 원합니다. 결혼 예식 때 좋은 날씨를 허락해 주셔서 하객들이 오가는 데 불편함이 없게 하여 주세요. 결혼 예식의 모든 순서가 순탄하게 잘 진행될 수 있도록 인도하여 주시옵소서.

하나님의 마음에 합당한 가장 아름다운 결혼 예식이 될 수 있도록 크신 복을 허락하여 주시옵소서.

결혼의 신비를 우리에게 알려 주시는 예수님의 이름으로 간절히 기도드립니다. 아멘.

my prayer

_____

_____

_____

079

이제 둘이 아니라
하나입니다

이러므로 남자가 부모를 떠나 그의 아내와 합하여 둘
이 한 몸을 이룰지로다 | 창 2:24 |

우리를 하나 되게 하시는 하나님!

모든 감사와 찬양, 존귀와 영광을 하나님께
올려 드립니다.

신혼여행을 위해서 기도합니다. 신혼여행
의 모든 여정이 안전하고 순탄하게 하시고
평안할 수 있도록 성령님이 눈동자처럼 지
켜 보호하여 주시옵소서. 신혼여행 기간 동
안 화목하게 하시고, 아름다운 가정을 꿈꿔
가는 행복한 첫걸음이 되게 하여 주세요.

이제는 둘이 아니요 하나임을 깨닫게 해 주
시고, 진솔한 대화를 하는 가운데 상대방을
충분히 이해하게 하시고, 하나님 안에서 아
름다운 연합이 이루어지게 하여 주세요.

가정의 창조자 되시는 예수님의 이름으로
간절히 기도드립니다. 아멘.

my prayer

_____

_____

_____

080
더욱 부모를 공경하게 해 주세요

네 부모를 공경하라 그리하면 네 하나님 여호와가 네게 준 땅에서 네 생명이 길리라 | 출 20:12 |

부모 공경을 명령하신 하나님!

모든 감사와 찬양, 존귀와 영광을 하나님께
올려 드립니다.

결혼을 하고 새로운 가족이 생겨도 부모님
께 잘하는 자녀가 될 수 있게 하여 주세요.
부모님을 더 사랑하고, 더 존경하며, 효도하
는 자녀가 될 수 있게 인도하여 주세요.

배우자의 부모님도 나의 부모님이기에 배
우자의 부모님께도 잘할 수 있는 힘을 더해
주세요. 배우자의 부모님을 사랑하고 이해
할 수 있는 마음을 허락해 주시고, 효도를 실
천할 수 있는 의지를 허락해 주세요.

부모를 공경하는 자에게 복을 주시는 예수
님의 이름으로 간절히 기도드립니다. 아멘.

my prayer

_____

_____

_____

081
서로서로 돕는 배필이
되기를 바랍니다

여호와 하나님이 이르시되 사람이 혼자 사는 것이 좋
지 아니하니 내가 그를 위하여 돕는 배필을 지으리라
하시니라 | 창 2:18 |

항상 우리를 도와주시는 하나님!

모든 감사와 찬양, 존귀와 영광을 하나님께 올려 드립니다.

결혼생활 가운데 배우자를 잘 도와주는 역할을 감당할 수 있게 하여 주세요. 하나님이 돕는 배필로 배우자를 만나게 해 주셨으니 서로의 필요를 잘 채워 주고 잘 도와주면서 아름다운 가정을 이루어 가게 하여 주세요.

혼자 살 때는 나 중심으로 살아왔으나 이제 두 사람이 한 몸이 되었으니 사랑 안에서 배우자를 배려하고 도와주는 따뜻한 사람이 되게 하여 주세요.

다른 사람을 도와줄 수 있는 힘을 제공해 주시는 예수님의 이름으로 간절히 기도드립니다. 아멘.

my prayer

_____

_____

_____

082
편안한 친구 같은 부부를 꿈꿉니다

친구는 사랑이 끊어지지 아니하고 형제는 위급한 때를 위하여 났느니라 |잠 17:17|

우리를 가까이하시는 하나님!

모든 감사와 찬양, 존귀와 영광을 하나님께
올려 드립니다.

결혼생활 가운데 배우자와의 관계가 가장
친밀한 친구 관계이기를 원합니다. 친구 사
이에서는 속에 있는 비밀 이야기도 꺼낼 수
있습니다. 내면의 모든 이야기를 편하게 나
누고, 기쁠 때는 함께 기뻐해 주고, 힘들 때
는 서로 위로해 주고, 함께 먹고 노는 편안한
친구 관계가 될 수 있도록 인도하여 주세요.

의견이 안 맞아서 다툴 수는 있지만 금방 화
해하고 친밀함을 유지하는 최고의 친구 관
계가 될 수 있게 하여 주세요.

우리를 친구로 불러 주신 예수님의 이름으
로 간절히 기도드립니다. 아멘.

my prayer

_____

_____

_____

083
날마다 더 뜨겁게
사랑하게 해 주세요

이삭이 리브가를 인도하여 그의 어머니 사라의 장막
으로 들이고 그를 맞이하여 아내로 삼고 사랑하였으
니 이삭이 그의 어머니를 장례한 후에 위로를 얻었더
라 | 창 24:67 |

우리를 항상 사랑하시는 하나님!

모든 감사와 찬양, 존귀와 영광을 하나님께 올려 드립니다.

결혼생활을 하는 가운데 배우자를 더욱 사랑하기를 원합니다. 이삭은 아내 리브가를 아내로 삼고 나서 사랑하였다고 성경은 말합니다. 결혼하고 나서 더욱 사랑하는 배우자와 나의 관계가 될 수 있도록 인도하여 주시옵소서.

함께 대화하고 생활하며 살아가는 가운데 날이 갈수록 사랑이 더 뜨거워지게 하시고, 성숙한 사랑의 모습으로 나아갈 수 있도록 이끌어 주시옵소서.

최고의 사랑을 우리에게 보여 주신 예수님의 이름으로 간절히 기도드립니다. 아멘.

my prayer

_____

_____

_____

084
아름답게 자라 가기를
기도합니다

의인은 종려나무같이 번성하며 레바논의 백향목같
이 성장하리로다 | 시 92:12 |

우리가 성장하기를 원하시는 하나님!

모든 감사와 찬양, 존귀와 영광을 하나님께 올려 드립니다.

결혼생활을 하는 가운데 나와 배우자가 더욱 아름답게 성장해 가기를 원합니다. 배우자와 함께 신앙생활을 하는 가운데 하나님을 향한 믿음이 더욱 성장하게 하여 주시옵소서. 함께 살아가는 가운데 인격이 더 성숙하게 하여 주시고, 자기 개발을 게을리하지 않는 가운데 더 발전하게 하여 주시옵소서.

결혼생활을 하면 할수록 더욱 성숙하고 성장하는 나와 배우자의 모습을 볼 수 있게 인도하여 주시옵소서.

성장할 수 있도록 도와주시는 예수님의 이름으로 간절히 기도드립니다. 아멘.

my prayer

_____

_____

_____

085
다름을 인정하도록
도와주세요

아담이 이르되 이는 내 뼈 중의 뼈요 살 중의 살이라
이것을 남자에게서 취하였은즉 여자라 부르리라 하
니라 | 창 2:23 |

우리를 다르게 만드신 하나님!

모든 감사와 찬양, 존귀와 영광을 하나님께 올려 드립니다.

태초에 하나님은 남자와 여자를 만드셨습니다. 남자와 여자를 다르게 창조하셨습니다. 결혼생활을 하는 가운데 배우자가 나와 다른 존재임을 인정할 수 있는 성숙함을 허락하여 주시옵소서. 다른 것은 틀린 것이 아님을 깨닫고 배우자를 인정할 수 있는 마음을 허락하여 주시옵소서.

아담이 하와에게 "내 뼈 중의 뼈요 살 중의 살이라"라고 고백한 것처럼 부부 관계는 가장 친밀한 관계임을 인식하는 가운데 서로의 차이를 존중할 수 있게 하여 주세요.

사랑 안에서 하나 될 수 있도록 인도하시는 예수님의 이름으로 간절히 기도드립니다. 아멘.

my prayer

_____

_____

_____

086
비판 말고 이해!

비판을 받지 아니하려거든 비판하지 말라 너희가 비
판하는 그 비판으로 너희가 비판을 받을 것이요 너희
가 헤아리는 그 헤아림으로 너희가 헤아림을 받을 것
이니라 | 마 7:1-2 |

비판하지 말라고 말씀하신 하나님!

모든 감사와 찬양, 존귀와 영광을 하나님께 올려 드립니다.

결혼생활을 하는 가운데 나의 기준으로 배우자를 판단하고 비판하지 않게 하여 주시옵소서. 나의 판단으로 배우자를 정죄하지 않게 하여 주시옵소서. 사랑의 구체적인 증거는 이해인 것처럼, 배우자를 이해하기 위해 노력하는 사람이 되게 하여 주시옵소서.

나의 생각과 기준과 판단과 습관과는 다른 모습이 배우자에게 보일 때 더 관심을 가지고 이해하기 위해 노력하는 성숙한 사람이 되게 하여 주시옵소서.

우리를 비판하거나 정죄하지 않으시고 용서해 주신 예수님의 이름으로 간절히 기도 드립니다. 아멘.

my prayer

_____

_____

_____

087
부부 싸움 가운데
간섭하여 주세요

모든 것이 하나님께로서 났으며 그가 그리스도로 말미암아 우리를 자기와 화목하게 하시고 또 우리에게 화목하게 하는 직분을 주셨으니 | 고후 5:18 |

우리가 하나 되기를 원하시는 하나님!

모든 감사와 찬양, 존귀와 영광을 하나님께 올려 드립니다.

결혼생활을 하는 가운데 부부 싸움을 할 때가 생기게 마련입니다. 각자 다른 환경에서 살아왔기에 다른 점이 많이 보일 것입니다. 부부 싸움을 할 때도 상대방의 인격을 서로 존중할 수 있는 넓은 마음을 주시고, 감정을 조절할 수 있는 능력을 주시고, 상대방의 말을 들을 수 있는 귀를 허락하여 주시옵소서.

부부 싸움 후에는 빨리 화해할 수 있게 하시고, 부부 싸움을 통해 상대방을 조금 더 이해할 수 있게 인도해 주시옵소서.

화해할 수 있는 힘을 주시는 예수님의 이름으로 간절히 기도드립니다. 아멘.

my prayer

_____

_____

_____

088
결혼생활에 소소한 행복이 깃들기를!

합환채가 향기를 뿜어 내고 우리의 문 앞에는 여러
가지 귀한 열매가 새것, 묵은 것으로 마련되었구나
내가 내 사랑하는 자 녀를 위하여 쌓아 둔 것이로다
| 아 7:13 |

우리에게 아름다운 사랑의 노래를 불러 주시는 하나님!

모든 감사와 찬양, 존귀와 영광을 하나님께 올려 드립니다.

결혼하기 전에는 배우자에게 이벤트를 하면서 감동을 주곤 합니다. 결혼 후에도 배우자에게 감동을 주는 이벤트를 할 수 있는 마음을 허락하여 주시옵소서.

배우자에게 감동의 말을 전해 주고, 정성이 담긴 선물을 전달하고, 이벤트를 마련할 수 있는 실천력을 허락하여 주시옵소서. 그래서 결혼생활에 소소한 행복이 깃들 수 있게 하여 주시옵소서.

사랑으로 세상을 다스리시는 예수님의 이름으로 간절히 기도드립니다. 아멘.

my prayer

_____

_____

_____

089
늘 서로를 존귀히
여기게 해 주세요

각각 거룩함과 존귀함으로 자기의 아내 대할 줄을 알
고 | 살전 4:4 |

우리를 항상 존중하시는 하나님!

모든 감사와 찬양, 존귀와 영광을 하나님께
올려 드립니다.

결혼생활을 하는 가운데 죄를 멀리하고 하
나님이 기뻐하시는 거룩의 삶을 살아가게
하여 주시옵소서. 그리고 그 거룩함 안에서
배우자를 귀하게 대할 수 있게 하여 주세요.

기분 좋을 때만, 배우자가 내 마음에 들 때만
존중하고 귀하게 대하는 것이 아니라, 나의
기분이나 상황과 관계없이 언제나 배우자
를 존중하고 귀하게 대할 수 있는 실천력을
허락하여 주시옵소서. 그래서 나와 배우자
사이에 가장 아름다운 관계가 지속될 수 있
게 하여 주시옵소서.

귀하게 우리를 바라보시는 예수님의 이름
으로 간절히 기도드립니다. 아멘.

my prayer

_____

_____

_____

090

믿음의 끈이 견고해지기를 소망합니다

요나단이 다윗에게 이르되 평안히 가라 우리 두 사람
이 여호와의 이름으로 맹세하여 이르기를 여호와께
서 영원히 나와 너 사이에 계시고 내 자손과 네 자손
사이에 계시리라 하였느니라 하니 다윗은 일어나 떠
나고 요나단은 성읍으로 들어가니라 |삼상 20:42|

믿는 자와 함께하시는 하나님!

모든 감사와 찬양, 존귀와 영광을 하나님께
올려 드립니다.

결혼생활을 하는 가운데 배우자와의 관계
속에 믿음의 끈이 견고해지기를 소망합니
다. 배우자의 말을 의심하지 않고 믿을 수 있
게 하여 주시옵소서. 배우자와의 관계 안에
끈끈한 믿음이 있음으로 인해 결혼생활이
진정으로 행복할 수 있게 하여 주시옵소서.

나도 배우자에게 믿음을 줄 수 있도록 행동
하고 말하게 하여 주시고, 서로 함께하는 가
운데 날이 갈수록 믿음이 더 견고하게 쌓일
수 있도록 인도하여 주시옵소서.

믿음의 능력을 우리에게 주시는 예수님의
이름으로 간절히 기도드립니다. 아멘.

my prayer

_____

_____

_____

091
본이 되는 가정으로
세워 주세요

맡은 자들에게 주장하는 자세를 하지 말고 양 무리의
본이 되라 | 벧전 5:3 |

삶의 모델을 보여 주신 하나님!

모든 감사와 찬양, 존귀와 영광을 하나님께
올려 드립니다.

우리 가정이 하나님을 믿는 가정으로서 다
른 가정들에게 모범이 되기를 원합니다.
"믿음, 소망, 사랑"이라는 가훈을 가지고 하
나님이 기뻐하시는 가정의 모습으로 살아
감으로 말미암아 특히 믿지 않는 가정들에
게 본이 되기를 원합니다. 다른 가정들에게
선한 영향을 주고, 좋은 자극을 주는 모범적
인 가정으로 성장할 수 있도록 인도하여 주
시옵소서.

하나님이 기뻐하시는 모델 가정으로 성장
해 가기 위해 가정 구성원들이 노력할 수 있
는 의지를 허락하여 주시옵소서.

하나님이 기뻐하시는 가정이 될 수 있도록
도와주시는 예수님의 이름으로 간절히 기
도드립니다. 아멘.

my prayer

_____

_____

_____

092
서로 먼저 섬기는 가정 되기 원합니다

내가 주와 또는 선생이 되어 너희 발을 씻었으니 너희도 서로 발을 씻어 주는 것이 옳으니라 내가 너희에게 행한 것같이 너희도 행하게 하려 하여 본을 보였노라 | 요 13:14-15 |

섬김의 능력으로 우리를 인도해 주시는 하나님!

모든 감사와 찬양, 존귀와 영광을 하나님께 올려 드립니다.

나와 배우자가 서로 섬길 수 있는 능력이 있기를 원합니다. 섬김을 받기보다 먼저 섬기는 실천이 있기를 원합니다. 예수님이 제자들의 발을 씻어 주신 것처럼, 나도 배우자의 발을 씻어 주고 배우자도 나의 발을 씻어 주는 아름다운 섬김의 역사가 일어나기를 소망합니다.

서로 섬김을 받으려고 자존심 싸움을 하지 않게 하시고, 서로 먼저 섬기려 하는 천국의 모습이 우리 가정 가운데 이루어지게 하여 주시옵소서.

섬김의 본을 보여 주신 예수님의 이름으로 간절히 기도드립니다. 아멘.

my prayer

_____

_____

_____

093

우리 가정 최고의 상담자, 하나님

내가 아버지께 구하겠으니 그가 또 다른 보혜사를 너희에게 주사 영원토록 너희와 함께 있게 하리니
| 요 14:16 |

영원히 우리와 함께하시는 하나님!

모든 감사와 찬양, 존귀와 영광을 하나님께
올려 드립니다.

하나님은 우리의 보혜사이십니다. 하나님
은 우리를 위로해 주시고 도와주시고, 우리
에게 조언해 주시고, 우리의 문제를 해결해
주시는 최고의 상담자이십니다.

결혼생활을 하다 보면 힘든 일은 계속 찾아
옵니다. 예기치 못한 어려움이 계속 다가옵
니다. 어떻게 해야 할지 몰라서 갈팡질팡할
때가 계속 생깁니다. 그때마다 우리 가정이
최고의 상담자 되시는 하나님을 찾게 하여
주시옵소서. 다른 세상적인 방법과 답을 찾
지 않게 하시고, 전능하신 하나님을 찾게 하
여 주시옵소서.

언제나 우리의 따스한 상담자가 되어 주시
는 예수님의 이름으로 간절히 기도드립니
다. 아멘.

my prayer

_____

_____

_____

094
어떻게 하면
하나님이 기뻐하실까요?

주를 기쁘시게 할 것이 무엇인가 시험하여 보라
| 엡 5:10 |

기쁨의 근원 되시는 하나님!

모든 감사와 찬양, 존귀와 영광을 하나님께 올려 드립니다.

우리 인생의 목적은 하나님을 기쁘시게 하는 것입니다. 우리 가정이 삶을 살아가는 과정 가운데 하나님을 기쁘시게 하는 것이 무엇인지를 찾고 실천하는 참된 믿음의 가정이 되게 하여 주세요.

"어떻게 하면 하나님이 기뻐하실까?", "무엇을 하면 하나님이 기뻐하실까?", "어떻게 하지 않으면 하나님이 기뻐하실까?", "무엇을 하지 않으면 하나님이 기뻐하실까?"를 항상 질문하며 살아가는 성숙한 신앙인이 될 수 있게 하여 주세요.

하나님께 기쁨을 드리는 삶이 될 수 있도록 도와주시는 예수님의 이름으로 간절히 기도드립니다. 아멘.

my prayer

095
생명을 살리는 데
사용해 주세요

당신들은 나를 해하려 하였으나 하나님은 그것을 선
으로 바꾸사 오늘과 같이 많은 백성의 생명을 구원하
게 하시려 하셨나니 |창 50:20|

생명을 살리시는 하나님!

모든 감사와 찬양, 존귀와 영광을 하나님께
올려 드립니다.

하나님이 기뻐하시는 삶은 생명을 살리는
삶입니다. 우리 가정이 생명을 살리기 원하
시는 하나님의 꿈을 실천하며 살아갈 수 있
도록 인도하여 주시옵소서.

요셉은 총리가 되어 7년 풍년이 왔을 때 음
식을 창고에 잘 저장했다가 7년 흉년이 왔
을 때 그 음식을 잘 분배해서 고대 서아시아
사람들이 굶어 죽지 않도록, 생명을 살리는
하나님의 꿈을 실천했습니다. 우리 가정도
육체의 생명, 영혼의 생명을 살리는 일을 삶
속에서 실천하게 하시고, 생명을 살리는 일
에 우리의 물질을 쓸 수 있게 하여 주세요.

하나님의 꿈을 삶 속에서 실천하게 하시는
예수님의 이름으로 간절히 기도드립니다.
아멘.

my prayer

_____

_____

_____

096
하나님의 선물,
자녀를 고대합니다

보라 자식들은 여호와의 기업이요 태의 열매는 그의
상급이로다 | 시 127:3 |

자녀를 선물로 주시는 하나님!

모든 감사와 찬양, 존귀와 영광을 하나님께 올려 드립니다.

자녀는 하나님의 선물임을 믿습니다. 결혼하고 나서 하나님의 때에 아름다운 자녀를 선물로 주시기를 소망합니다.

하나님은 준비된 자에게 선물을 주심을 믿습니다. 하나님이 자녀를 주시기까지 좋은 부모가 되기 위해 준비하기 원합니다. 하나님을 의지하게 하시고, 필요한 공부를 하게 하시고, 몸도 마음도 준비할 수 있게 해 주세요.

우리의 인생 가운데 가족이라는 놀라운 은혜와 복을 허락해 주시는 예수님의 이름으로 간절히 기도드립니다. 아멘.

my prayer

_____

_____

_____

097
아이의 영육이 강건하기를 기도합니다

또 사람의 모양 같은 것 하나가 나를 만지며 나를 강건하게 하여 이르되 큰 은총을 받은 사람이여 두려워하지 말라 평안하라 강건하라 강건하라 그가 이같이 내게 말하매 내가 곧 힘이 나서 이르되 내 주께서 나를 강건하게 하셨사오니 말씀하옵소서 |단 10:18-19|

건강을 책임져 주시는 하나님!

모든 감사와 찬양, 존귀와 영광을 하나님께
올려 드립니다.

하나님의 때에 하나님이 주실 자녀의 건강
을 위해 지금부터 기도합니다. 건강한 자녀
가 형통하게 이 세상에 태어날 수 있도록 크
신 복을 허락하여 주시옵소서.

자녀의 신체가 건강하기를 소망합니다. 이
험한 세상을 살아가기 위해 자녀의 마음도,
정신도 건강하기를 원합니다. 그리고 자녀
의 신앙도 건강하게 자랄 수 있기를 간절히
기도합니다. 기도로 준비하며 하나님의 은
혜를 구합니다.

강건한 삶으로 우리를 인도하시는 예수님
의 이름으로 간절히 기도드립니다. 아멘.

my prayer

_____

_____

_____

098
아이가 예수님 닮게
해 주세요

예수는 지혜와 키가 자라 가며 하나님과 사람에게 더
욱 사랑스러워 가시더라 | 눅 2:52 |

인생의 걸음을 주관하시는 하나님!

모든 감사와 찬양, 존귀와 영광을 하나님께 올려 드립니다.

미래의 내 자녀를 위해 기도합니다. 나의 자녀가 하나님을 사랑하고 존경하면서 경외를 실천하는 믿음의 자녀가 되게 하여 주시옵소서. 하나님이 기뻐하시는 성품을 갖추고 이웃을 사랑하는 모범적인 자녀가 되게 하여 주시옵소서.

하나님의 지혜와 능력을 가지고 선한 영향력을 발휘하며 사는 사명의 사람이 되게 하여 주시옵소서. 하나님과 사람으로부터 사랑과 인정을 받는 행복한 사람이 되게 하여 주시옵소서.

이 땅에서 아름다운 삶의 모범을 보여 주신 예수님의 이름으로 간절히 기도드립니다. 아멘.

my prayer

_____

_____

_____

099

하나님! 우리 가정을
붙들어 주세요

여호와께서 사람의 걸음을 정하시고 그의 길을 기뻐
하시나니 그는 넘어지나 아주 엎드러지지 아니함은
여호와께서 그의 손으로 붙드심이로다 | 시 37:23-24 |

우리를 능력의 손길로 굳게 붙들고 계시는 하나님!

모든 감사와 찬양, 존귀와 영광을 하나님께 올려 드립니다.

가정은 항해하는 배와 같아 보입니다. 배가 항해하다가 때로는 큰 파도를 만나기도 하고, 광풍을 만나기도 하듯이 나의 배우자와 함께 이룰 미래의 가정도 내부적으로, 외부적으로 어려움을 경험하면서 평안이 깨지고 흔들릴 때가 생길 수 있을 것입니다.

하나님! 우리 가정 위에 좌정하여 주시고, 하나님의 손으로 우리 가정을 굳게 붙들어 주시고, 우리 가정 구성원들에게 참 평안을 허락하여 주시옵소서. 사탄 마귀 틈타지 못하도록 우리 가정을 눈동자처럼 지키시고 보호하여 주시기를 소망하고 기도합니다.

평안을 선물로 주시는 예수님의 이름으로 간절히 기도드립니다. 아멘.

my prayer

_____

_____

_____

100
하나님은 우리 가정의
주인이십니다!

네 집 안방에 있는 네 아내는 결실한 포도나무 같으
며 네 식탁에 둘러앉은 자식들은 어린 감람나무 같으
리로다 | 시 128:3 |

행복한 가정을 선물해 주시는 하나님!

모든 감사와 찬양, 존귀와 영광을 하나님께
올려 드립니다.

하나님이 기뻐하시는 모델 같은 가정을 이
루기를 소망합니다. 하나님 아버지를 우리
가정의 주인으로 모시고 믿음, 소망, 사랑
안에서 살아가는 화목한 가정을 꿈꿉니다.
아빠, 엄마, 자녀가 서로 사랑하고 신뢰하면
서 따뜻한 대화를 나누는 친밀한 가정을 기
대합니다.

기쁜 일이 있을 때 함께 기뻐하고, 슬픈 일이
있을 때 함께 슬퍼하는 아름다운 공동체를
이루어 가기를 원합니다. 하나님이 기뻐하
시는 좋은 가정이 되어 주위에 선한 영향력
을 발휘할 수 있도록 인도하여 주시옵소서.

가정의 주인 되시는 예수님의 이름으로 간
절히 기도드립니다. 아멘.

my prayer

_____

_____

_____

To. 결혼을 준비하는 _____ 에게

_____

_____

_____